EXTRATERRESTRES Y RELIGIÓN

SALVADOR FREIXEDO

EXTRATERRESTRES Y RELIGIÓN

Cuando los ovnis aterrizan, los dogmas vuelan

USHUAIA

EDIPRO
Carretera de Rocafort 113
43427 Conesa
info@ushuaiaediciones.es
www.ushuaiaediciones.es

Primera edición: 1971
Edición actual: 2025

ISBN: 978-84-19405-43-2
ISBN ebook: 978-84-19405-44-9
Depósito legal: T 957-2025

Diseño de cubiertas, interior y maquetación: Ushuaia Ediciones

Impreso en España – *Printed in Spain*

ÍNDICE

Considerado por el propio Freixedo como la segunda parte de *¡Mi Iglesia duerme!*, este libro, *Extraterrestres y religión*, es otra obra herética y pionera. Unas páginas de obligada lectura para comprender el estado tanto de la Iglesia católica como del fenómeno ovni en todo el mundo.

INTRODUCCIÓN

Sé que con este libro muchos de mis amigos dejarán de serlo. Lo siento. Y sé que muchísimos que no me conocen, al leer el título del libro, me habrán rápidamente catalogado como un visionario o como algo peor. Lo siento también... por ellos, porque al no leerme, perderán la oportunidad de asomarse a un mundo increíble y maravilloso, pero real.

Sé de sobra que la palabra «extraterrestre» está en parte desprestigiada. Y, sin embargo, me he atrevido a usarla en el título —aun a despecho de ser juzgado como «escritor mercantil»—, e incluso he tenido la audacia de mezclarla con la palabra «religión», que también está en parte desprestigiada. Sé que, a pesar de ello, ambas palabras tienen un gran atractivo para miles y miles de personas que, dotadas de un sentido lógico por un lado, y por otra parte despiertas ante la enorme crisis por la que atraviesan las religiones en el mundo, ven en la unión de estos dos conceptos, por extraño que pueda parecer, una posibilidad de esclarecimiento para los críticos tiempos por los que pasa la humanidad.

Antes de pasar adelante, quiero dejar bien claro que este no es un libro para demostrar la existencia de objetos volantes no identificados (ovnis). Esto para nosotros es un hecho histórico tan comprobable al menos como muchos otros hechos históricos y científicos. De su existencia y aparición en nuestros cielos nadie de nuestro tiempo sin prejuicios puede tener la menor duda; aunque por desgracia los prejuicios son una de las muchas enfermedades que afectan al psiquismo humano. La demostración de su existencia la podrán encontrar los lectores en las obras que sobre este tema iremos citando a lo largo del libro.

Puede ser que alguien nos diga que esto es precisamente lo que habría que demostrar, y que al aceptarlo nosotros como un axioma, estaremos edificando toda nuestra argumentación en el aire. A quien tal cosa nos diga, le repetiremos que se informe en los libros escritos por personas de todo crédito y que fueron escritos precisamente con ese propósito. Las experiencias personales que nosotros pudiésemos aportar no añadirían básicamente nada a las muchas y bien documentadas que el lector podrá encontrar en los autores a los que lo referimos.

No se nos oculta, por otra parte, que todo este asunto de visitantes extraterrestres, etc. tiene un especial atractivo para ciertas mentes desequilibradas que ven en todo este fantástico mundo un campo aptísimo para desplegar en él todos sus sueños y deseos reprimidos y obtener un escape providencial para las presiones internas de su psiquismo. Toda esta literatura desenfrenada y comercial que alrededor de este tema se ha desarrollado es una plaga que hace más difícil y sospechoso lo que ya de por sí —por su magnitud y su extrañeza— es difícil de comprender y de ser creído. Quien de buena fe se adentre a investigar por este maravilloso mundo que estamos empezando a descubrir, tiene que estar preparado a encontrarse con toda suerte de charlatanes, psicópatas y visionarios que lo harán dudar muchas veces de la veracidad total del fenómeno. No nos extrañaría que si él no hubiese tenido alguna experiencia personal —física y comprobable—, acabase desistiendo y pensando que todo son habladurías y proyecciones mentales de personas desajustadas. Esa ha sido la triste deducción a que más de un investigador serio —pero falto de preparación— se ha visto forzado a llegar al verse rodeado de un mar de insensateces escritas y habladas.

No será ese ciertamente el tono de este libro, aunque en él digamos cosas que al lector le parezcan increíbles. Únicamente afirmamos aquello que creemos suficientemente probado, y cuando conjeturemos, lo diremos claramente.

Si hemos de ser sinceros, tendremos que decir que el punto fuerte del libro no consistirá precisamente en lo relacionado con los ovnis ni con otros mundos habitados. Eso, que en nuestra mente fue un punto de arranque para un nuevo enfoque de la realidad religiosa de la humanidad, aquí será nada más que una de las razones que aduciremos para el total replanteamiento de este gran problema que todo el género humano tiene constantemente delante de sí pidiendo una solución: el origen de la vida, el porqué de la vida, la trascendencia de la vida.

Los cristianos —y no diremos nada de los creyentes de otras religiones— hemos comulgado demasiado tiempo con ruedas de molino. Por fortuna, tal alimento espiritual se nos empieza a hacer intragable. Y creemos que no lo hará más deglutible el hecho de azucararlo o adobarlo de modo que sea menos repulsivo para los paladares del siglo XX. Siguiendo la comparación, no es cuestión de cambiar el recubrimiento de la almendra; es cuestión de cambiar la almendra. No es cuestión de cambiar la música en los himnos litúrgicos, sino de cambiarles radicalmente la letra, y aún puede ser que sea cuestión de callarse.

En mi libro *Mi Iglesia duerme* escribí de pasada una nota —que fue utilizada por espíritus obcecados por el fanatismo para hacernos aparecer como desequilibrado mental— en la que se leía lo siguiente: «Apenas vemos, entre los teólogos contemporáneos, algunos balbuceos sobre esta interesantísima realidad [la de los visitantes extraterrestres], que dentro de pocos años creará un verdadero terremoto en la humanidad y en sus creencias religiosas». El terremoto del que hablamos en la nota ya ha comenzado a realizarse de manera privada en las mentes de muchas personas. Naturalmente, el exceso de autoritarismo y de dogmatismo que prevalecen en la mayoría de las religiones impiden ver el fenómeno con claridad a los millones de «fieles».

Este libro podría considerarse, en cierta manera, como una segunda parte de *Mi Iglesia duerme*[1]. En dicho libro dimos una voz de alerta desde dentro a los cristianos para que cayesen en la cuenta de que en el seno de nuestra religión algo había que se estaba empezando a morir o que ya estaba definitivamente muerto; en el presente libro pretendemos decirles que no se desanimen ni pierdan la fe, porque Dios no se deja aprisionar dentro de ninguna estructura ni sistema. El Dios que se ha ido muriendo poco a poco en las conciencias de los seres humanos —porque lo mataron los doctrinarios de todas las religiones— reaparece de nuevo como la estrella de Belén, fuera de la santa Jerusalén y fuera del Templo oficial: en lo alto del cielo, no del cielo místico, sino del cielo azul, para que lo vean no solo los sumos sacerdotes y los iniciados, sino, sobre todo, las gentes del pueblo.

He pertenecido durante treinta años a la Compañía de Jesús. A ella le debo el haberme dado la oportunidad de conocer a fondo el cristianismo. Y a ella le debo el haberme enseñado a vivirlo intensamente, poniendo con gusto mi vida al servicio de los demás. Pero esto tiene su parte negativa. Durante treinta años —por fidelidad a los rígidos principios que me enseñaron— viví inmerso en un marco religioso-cultural que me impedía ver muchas otras realidades y muchos otros valores que constituyen también la vida de la humanidad y que son auténticas manifestaciones del Dios cósmico e incom-

---

1 Editado por primera vez en España este año 2025 conjuntamente por esta editorial y La Regla de Oro Ediciones. *[Nota del editor de la actual edición]*

prensible, omnipresente en todas las criaturas del universo. Cuando descubrí todas estas otras realidades, el dios vengativo y cicatero que nos habían enseñado todos los escritores ascéticos, al que había que darle gracias por el pan de cada día pero que se desaparecería a la hora de las desgracias, el dios que hacía milagros para propugnar causas dudosas y que exigía templos suntuosos, el dios a quien le gustaba echar ceniza en los goces normales de los hombres y que inexplicablemente nos exigía el dolor como moneda con la que pagar la entrada en un más allá nebuloso, ese dios comenzó también a morirse en mi corazón. Y, al mismo tiempo, comencé a sospechar que el cristianismo no tenía el monopolio del Más Allá, lo mismo que claramente había perdido hacía ya siglos el monopolio del *más acá*.

Se cayó de mis ojos la venda que durante años me había impedido ver la realidad total, o por lo menos más vasta de la que había estudiado y vivido con tanto afán. Me pasó algo así como le pasaría a alguien que hubiese nacido en una inmensa y maravillosa caverna a cuyo estudio y embellecimiento hubiese dedicado lo mejor de su vida, creyendo que aquella era la realidad total del mundo..., hasta que un buen día descubrió que fuera había una cosa maravillosa que se llamaba luz, y que los campos abiertos y las montañas y el mar, sin destruirla, continuaban y ampliaban la realidad de su caverna.

Nunca he alardeado de ser teólogo, ni siquiera de haberme afanado demasiado en los normales estudios que durante dieciséis años tienen que hacer los miembros de la Compañía de Jesús que aspiran al sacerdocio. Pero sí puedo decir que conozco suficientemente bien las enseñanzas doctrinales clásicas de la Iglesia y puedo asegurar que he dedicado muchas horas al estudio de la teología moderna. Mientras estuve constreñido en los límites de la «formación» escolástica, todos los variadísimos fenómenos de la vida eran juzgados por mí desde un punto de vista preestablecido. Había ciertas premisas intocables que había que respetar, aunque muchas veces uno no estuviese perfectamente seguro de ellas. En la puerta del «Templo Santo de la Ciencia Intocable» estaba de guardián el «Terror Sagrado», que amenazaba desde lo profundo de la conciencia con fulminar una condenación eterna si uno osaba dudar o investigar cualquiera de las verdades en él guardadas. De acuerdo con estas «verdades» eran las soluciones a toda la variadísima problemática vital.

Pero llegó un tiempo en que todas estas «verdades» empezaron a parecer no tan verdades. Y llegó también un tiempo en que el «Terror Sagrado», además de desacralizarse, dejó de ser terror. (Eso es lo que personalmente tengo que agradecerle al concilio Vaticano II). Nombres de los que apenas había oído hablar durante mis largos años de estudio, o de los que no había oído hablar en absoluto, empezaron a sonar en mis oídos y a resonar en mi mente y en mi corazón. Eran palabras raras, cargadas de milenios y de aridez, de tragedias ignotas y de misterio, pero que rezumaban vida humana y realidad: Zimbabwe, Nazca, Baalbek, Tiahuanaco, vimanas, Gilgames, Gobi, Mahabharata, Qumran, Ramayana, isla de Pascua, Teyucare, Pedra Pintada, Marcahuasi, Benin, Keops, Hinsg-Nu, Dogus, Mohenjo-Daro, Popol-Vuh, Sacsahuaman, Tepotzteco, Kalasasaya, Sillustani, Ain Fritissa, Toro Muerto, Chuquiyutu…

¿Qué le dicen estas palabras y muchísimas otras a un teólogo cristiano? Prácticamente nada. De la mayor parte de ellas apenas ha oído hablar, si es que no las lee ahora por primera vez. Y sin embargo, estas palabras, junto con muchas otras, son la verdadera biblia de la humanidad. Gracias a ellas el espeso velo que cubría nuestra mente se empezó a rasgar. Y gracias a ellas pudimos darnos cuenta de que el cristianismo y la cultura occidental no son más que un breve párrafo de un capítulo del largo libro de la historia de la humanidad.

Estas páginas serán, seguro, tachadas de «heréticas» por todos aquellos cristianos que tienen una visión estrecha —y podríamos decir, normal— del cristianismo. Lo comprendemos perfectamente y reconocemos que no es culpa de ellos, ni de ninguno en particular. El dogmatismo, que por ser un fenómeno muy humano se da en todas las religiones, ha ido estrechando su lazo a lo largo de los siglos alrededor del cuello de los creyentes, y hoy día el cristiano que quiera librarse de su abrazo estrangulante para pensar con una mente libre —único pensamiento válido—, necesitará toneladas de coraje y toneladas de fe en el verdadero Dios. La mayoría seguirá gimiendo bajo el peso de dogmas que no comprende y repitiendo tradiciones que no le convencen. Esperemos que estas modestas páginas ayuden a no pocos a esclarecer su mente para que así puedan pensar con la libertad que compete a los hijos de Dios.

Pero ¿es en realidad este libro un libro «herético»? Sinceramente, no nos interesa el adjetivo, porque lo consideramos pasado de moda y sin un significado válido para los tiempos presentes. Este es un libro respetuoso de los fundamentales valores cristianos, que no se deja enredar en el bizantinismo de la teología tradicional ni le teme a las fulminaciones canónicas. Este es un libro que modestamente recoge, o pretende recoger, el mensaje de Jesucristo —despojado de todos los pegotes que la buena voluntad y el fanatismo que los hombres le han ido añadiendo a lo largo de los tiempos—, junto con los otros mensajes de los hombres extraordinarios, cristianos y no cristianos, que también recibieron de Dios en su tiempo el encargo de iluminar esta humanidad que se renueva sobre la superficie del planeta como las hojas de los árboles en el bosque. Poco a poco irá naciendo una nueva religión o, si queremos, un nuevo concepto de cristianismo más auténtico y más de acuerdo con el deseo de Jesucristo, en el que las leyes fundamentales serán las de la justicia y el amor, que hoy tan ausentes están del mundo por más que los pueblos que se dicen cristianos sean los más numerosos de la Tierra.

Pensar así, en un hombre que durante más de treinta años había sido indoctrinado muy diversamente, supone una verdadera revolución. Pues bien, esta revolución estalló en mí el día que definitivamente me convencí de que nuestros cielos estaban siendo surcados por seres inteligentes extraterrestres —indudablemente criaturas de Dios—, de los cuales ni nuestros dogmas ni nuestros teólogos tenían nada que decirnos en la actualidad, después de habernos hablado contra su existencia en los siglos pasados.

Primera Parte

CUANDO LOS OVNIS ATERRIZAN...

1
PERO ¿EXISTEN LOS OVNIS?

Repetiremos aquí lo ya dicho en la introducción, es decir, que este libro no pretende coleccionar nuevos hechos con los que probar la realidad del fenómeno de los ovnis. Hacerlo nos parece del todo inútil, ya que lo hecho por otros en este sentido es más que suficiente para convencer a cualquier persona que investigue el fenómeno con imparcialidad.

Además, creemos que quien con los hechos ampliamente documentados por otros no se haya convencido, tampoco se convencerá con los personales que nosotros pudiésemos aportar. Sin embargo, el meollo de toda la cuestión radica en esto, en estar convencido de que la presencia de objetos volantes de origen desconocido, atestiguada por decenas de miles de personas de todas las condiciones y continentes y comprobada por toda suerte de aparatos ópticos, acústicos y electrónicos, es un hecho absolutamente real y no el producto de ninguna fantasía colectiva.

Admitido esto, será lógico que cualquier persona con buena lógica saque ciertas conclusiones que harán estremecer las que hasta entonces habrá tenido por principios fundamentales de su vida.

No se puede negar que muchos científicos y en general personas con buena formación profesional y humana se resisten tenazmente a la admisión de tales fenómenos. Vemos en esta resistencia una razón muy lógica, que en muchos casos tiene más de subconsciente que de puramente racional o deductiva. En el fondo, esta gente inteligente, precisamente por serlo, cae en la cuenta de que si admiten el hecho, necesariamente tendrán que admitir otros que, a la larga o a la corta, subvertirán todo su mundo de valores que tanto trabajo les ha costado adquirir. Consciente o inconscientemente verán que tanto el mundo religioso como el científico, el social y hasta el familiar se verán «amenazados» por este nuevo descubrimiento.

Es inútil que algunos digan que la admisión de tales fenómenos no tiene trascendencia ninguna para el desarrollo de nuestra cultura. Y es poco sabio que ciertos teólogos digan que esto no pone en peligro ninguno de nuestros dogmas. Los teólogos que dicen tal cosa demuestran no tener demasiada imaginación, ni siquiera un mediocre sentido de deducción. No es extraño que sigan, por tanto, defendiendo ciegamente una teología que hace tiempo que presenta signos de descomposición.

Pero de igual manera que vemos cierta lógica en la resistencia de científicos y personas cultas a la admisión de tales fenómenos, no vemos ninguna lógica en la actitud de aquellos que, admitiendo en principio la posibilidad de la existencia de otros mundos con seres inteligentes, incluso admitiendo la presencia en nuestros cielos de naves de origen desconocido, se niegan sin embargo a aceptar cualquier clase de contacto nuestro con ellos y tachan de alucinado a cualquiera que diga haber estado en relación directa con los tripulantes de tales naves. Si hay habitantes en otros mundos, y si estos, de hecho, ya han llegado hasta nuestra atmósfera, lo lógico es que desciendan y que intenten alguna suerte de comunicación con los habitantes de este planeta. Lo contrario, es decir, haber caminado millones de kilómetros para luego contentarse con una inspección ocular, va contra toda lógica, o por lo menos contra la lógica humana.

Para nosotros el problema radica más bien en lo contrario, es decir: poder encontrar una razón de por qué no se manifiestan más claramente y por qué no buscan de una manera más positiva el contacto directo con los habitantes de este planeta. Si bien esta dificultad tiene sus respuestas —que veremos más adelante—, reconocemos que no deja de ser embarazoso a primera vista el ver esta especie de juego al escondite que tienen con nosotros, mostrándose muchas veces a las personas aparentemente menos indicadas y queriendo, por otro lado, hacernos caer en la cuenta de su presencia entre nosotros.

Piensen lo que piensen los incrédulos, lo cierto es que no solo pasean por nuestros cielos unos misteriosos vehículos desconocidos por nuestros científicos y por nuestros militares, sino que toman tierra con mucha mayor frecuencia de la que piensan los escépticos.

El astrónomo J. Allen Hynek, que estuvo muchos años al frente del Proyecto Blue Book de la Fuerza Aérea de Estados Unidos, por cuyas manos han pasado más casos de ovnis que por las de ningún otro mortal y a quien no se puede tachar, de ninguna manera, ni de ignorante ni de fanático de los «platillos volantes», ha confesado repetidamente que aparte de los miles de casos que se habían explicado como causados por fenómenos naturales quedaban sin embargo muchos que no se habían podido explicar de ninguna manera después de haber investigado concienzudamente la capacidad y la veracidad de los testigos.[2]

Los ovnis recorren nuestros cielos y se posan en nuestra tierra, y lo vienen haciendo desde hace miles de años, como veremos. Al hacer esta afirmación no tenemos para nada en cuenta las afirmaciones y los escritos de todos aquellos que dicen haber tenido comunicaciones telepáticas ni de ningún tipo, por

2. El Dr. Hynek dirige en Illinois (EE. UU.) uno de los mejores centros de estudio del fenómeno ovni. En los diez años que han pasado desde que escribí estas líneas, ha perdido todas las dudas que tenía cuando trabajaba en el Proyecto Blue Book y hoy en día investiga más bien el impacto que el fenómeno puede tener en la humanidad.

muy dignas de crédito que sean sus aseveraciones. Lo creemos perfectamente posible; sin embargo, por ser todo este tipo de fenómenos mentales muy susceptibles de alucinaciones e ilusiones, preferimos no tomarlos en cuenta y atenernos únicamente a aquellos casos en los que ha habido una presencia física comprobada por testigos y preferiblemente si estos testimonios están corroborados por aparatos a los que no se puede tachar de ilusos ni alucinados. Por supuesto, tendremos mucho menos en cuenta la charlatanería psicótica o comercial que en torno a todo este asunto se ha desatado. Por desgracia, toda esta avalancha de papel impreso acerca de los visitantes extraterrestres le hace daño a la credibilidad de un asunto tan interesante.

Por otra parte, no caeremos en la necedad de confundir la ciencia con la tozudez. El hecho de que nuestros científicos no hayan sido capaces hasta ahora de penetrar en los secretos del magnetismo no quiere decir que sea imposible llegar a dominarlo. Los científicos humanos han sido los primeros en ir acabando poco a poco con todas esas «imposibilidades» que habían heredado de edades anteriores. Cada nuevo descubrimiento es una demolición de otro prejuicio o dogmatismo, que tanto daño han hecho y hacen en todos los campos al progreso de la humanidad.

Cuando no hace tantos años los físicos lograron traspasar las fronteras de la molécula, descubrieron la «partícula fundamental de la materia» e ingenuamente la llamaron «átomo» («indivisible»). Hoy conocemos por lo menos treinta subpartículas del átomo y estamos seguros de que seguiremos dividiendo al «indivisible». Por eso es absolutamente anticientífico cerrarse del todo, o por lo menos no admitir un punto de duda, ante hechos como los registrados en Washington los días 13, 14 y 26 de julio de 1965. Esos días, los radares de cuatro bases aéreas norteamericanas situadas en las cercanías de Washington (Andrews, Langley, Bolling y New Castle County), además de los del aeropuerto internacional de la capital de Estados Unidos, fueron «testigos científicos» en sus pantallas de radar de cómo diferentes vehículos espaciales no identificados, «al principio demasiado lentos para ser aviones, y más tarde demasiado rápidos», literalmente jugaban con los aviones caza F-94, que en repetidas ocasiones fueron enviados en su persecución. Cuando aparecían los cazas, desaparecían en unos segundos los extraños vehículos, excepto en alguna ocasión en que uno de ellos optó por quedarse y jugar al «corre que me coges» con el caza que lo perseguía; larvado el veloz caza a toda velocidad, vio cómo el «ovni» mantenía delante de él, por un tiempo, la misma distancia, sin permitir que el caza se le acercase, hasta que de un fantástico acelerón vertical se le perdió de vista en unos segundos.

Entre los muchos defectos que se le pueden achacar al espíritu militar no suele estar el de ser facilitones o improvisadores. Es inútil querer achacar los fenómenos de Washington al mal funcionamiento de los radares, impericia de los observadores, fenómenos de inversión de temperatura, etc. Todo fue concienzudamente investigado por los altos oficiales de la Fuerza Aérea, que muy a regañadientes y de manera no oficial tuvieron que reconocer que las señales que se recibían en los aparatos de radar provenían aparentemente de objetos «metálicos, duros y sólidos».

Otros testigos de primera categoría vinieron a corroborar estos mismos hechos: los pilotos de varios grandes aviones comerciales de las compañías Capital Air Lines, National Air Lines y Panamerican que se acercaban o abandonaban el aeropuerto internacional de Washington. Aparte de esto, miles de personas en toda esta área fueron testigos oculares de todas estas extrañas luces multicolores que surcaban el espacio a grandes velocidades para detenerse súbitamente y permanecer inmóviles. Todos los aeropuertos, y en especial el de Langley, recibieron numerosas llamadas reportando los hechos y preguntando por su causa.

Y no fueron ciertamente los testigos oculares menos cualificados los mismos operadores de radar de la Base Aérea de Andrews, que, avisados al amanecer por sus compañeros del radar de largo alcance ARTC (Air Route Traffic Control), situado en la torre del aeropuerto internacional de la capital, vieron casi verticalmente sobre ellos «una enorme esfera que emitía una luz anaranjada». Al día siguiente, un diario de Washington se hacía eco de todos estos fenómenos en sus grandes titulares: «Aviones de caza persiguen "ovnis" sobre Washington».[3]

Como dijimos anteriormente, cerrarse ante hechos tan bien documentados como el anterior es indicio de cerrazón mental, la cual puede muy bien darse al mismo tiempo que una gran especialización en un campo determinado. Es frecuente el caso de grandes científicos que son unas grandes nulidades en cuanto salen del estrecho, aunque profundo marco de sus conocimientos.

Pues bien, hechos como los relatados de Washington, con igual o mejor documentación y testigos, y con detalles mucho más concretos e interesantes, distan mucho de ser escasos. Podría narrar aquí varias docenas de ellos con todas las investigaciones llevadas a cabo para demostrar su autenticidad, pero prefiero que el lector se documente por sí mismo.

Si hubiésemos de hacer un resumen de lo que sabemos con seguridad de los ovnis, de lo que dudamos o conjeturamos y de lo que ignoramos, podríamos decir lo siguiente:

---

3 Más detalles sobre todos estos incidentes de Washington, al mismo tiempo que una exposición desapasionada sobre todo el asunto de los ovnis, podrá encontrarla el lector en el libro *The Report on Unidentified Flying Objectes*, de Edward J. Ruppelt, ex jefe del proyecto de la Fuerza Aérea Blue Book, especialmente establecido por las Fuerzas Armadas de Estados Unidos para investigar todas las noticias sobre ovnis.

- *Sabemos* con certeza que unos vehículos extraños, de origen no terrestre, surcan nuestros espacios. Sabemos también que muchos de estos vehículos están tripulados por seres inteligentes, aunque de estos conocemos muy poco con seguridad.
- *Conjeturamos* que son de orígenes diversos, que las motivaciones que los indujeron a hacer el viaje hasta nuestro planeta son también muy diversas y difíciles de comprender por nosotros. Por supuesto, en el campo de las conjeturas entran muchísimas otras ideas que lógicamente le vienen a uno a la mente, y que muchos dan por seguras a pesar de no tener razones válidas para sustentarlas.

Lo cierto es que, aparte de su existencia real, desconocemos casi todo de ellos y tenemos que confesar que cuando uno se mete a investigar a fondo este fenómeno, llega casi indefectiblemente a un estado de perplejidad y confusión ante tantos hechos, por una parte, con una garantía de realidad más que suficiente para la mente humana en cualquier otro fenómeno, y por otra parte confusos, ilógicos y hasta contradictorios, que le hacen a uno suponer que se halla ante fenómenos que están planteados en un plano o en una dimensión a la que no alcanza la mente del ser humano actual.

Si en un tribunal de justicia el testimonio de un testigo ocular capacitado tiene fuerza, no vemos por qué no va a tener fuerza el testimonio directo de miles de testigos capacitados, algunos de los cuales son eminentes por sus conocimientos de las ciencias físicas y astronómicas. Este es el caso del ilustre padre jesuita Segundo Reyna, director del observatorio astronómico de Adhara, en Buenos Aires (Argentina), que además de astrónomo y biólogo es doctor en Ciencias y Letras y profesor de Física Matemática en la Universidad Bonaerense de El Salvador.

A las nueve de la noche del día 1 de diciembre de 1965, a causa de haber recibido varias llamadas telefónicas en las que le informaban que se divisaban extraños puntos oscuros pasando por delante de la Luna, el padre Reyna obtuvo una foto en la que aparecen tres ovnis en el campo lunar. En la misma foto podían apreciarse hacia la izquierda otros tres ovnis muy pequeños y otro más, de mayores proporciones, en la parte izquierda superior, fuera del disco lunar. Estas fotografías, poco nítidas, de no haber sido su autor una persona excepcionalmente dotada para emitir un juicio sobre este tipo de hechos, hubiesen sido de muy poco valor, sobre todo si las comparamos con otras mucho más precisas y claras hechas a plena luz del día y a distancia considerablemente menor. Sin embargo, su autor las consideró como «un documento irrefutable».

Todavía más notable es otro testimonio del mismo padre Reyna, a quien el lector debe guardarse de considerar como un «fanático de los platillos volantes», teniéndolo, al contrario, por un hombre más bien reacio a admitir estos hechos, pero, por otra parte, con una mente suficientemente abierta y sanamente científica como para no cerrarse ante hechos que a él se le muestran como evidentes. Copiamos literalmente su testimonio, tal como nos lo cuenta Carlos Murciano en su libro *Algo flota sobre el mundo*:

> Ocurrió en la clara noche del 14 de noviembre de 1964. Con un telescopio de más de 100 diámetros de aumento seguíamos el Eco II [satélite artificial estadounidense], que apareció por el Norte a las 20:37 h, casi sobre el mismo meridiano que el observatorio. A las 20:45 h, por el Oeste, y en plano perpendicular al del satélite, surgió un «ovni» desde la constelación de Pegaso; pero al llegar a la proximidad del satélite desvió su ruta, describiendo una semicircunferencia (quizá para no atraerlo a su campo magnético) y prosiguió su camino hacia el Este; cerca de Orión descendió hacia el horizon-

te. Hizo todo este trayecto en tres minutos. A las 20:52 h, cuando el Eco II se encontraba en el cénit, surgió de nuevo el «ovni» hacia el Suroeste, junto a Centauro; esquivó el satélite y, dirigiéndose hacia el Nordeste, se ocultó junto a Andrómeda. Por tercera vez, a las 21:00 h, surgió desde el Este en forma de cigarro, en las cercanías de Altair, tomó forma circular al pasar por Orión, evitó el encuentro con el Eco II, se detuvo en dirección a Canopus y desapareció por el Sur, al tiempo que lo hacía también el satélite artificial.

Como eran varias las personas que se encontraban bajo la cúpula del observatorio, desplazamos el telescopio según las direcciones tomadas por el «ovni» y así pudimos captar con nitidez las maravillosas evoluciones del objeto.

En las cercanías del horizonte pudimos distinguir con absoluta perfección su torreta superior, de color verdoso, como el de la luz de las lámparas de mercurio; su limbo central, amarillo áureo, y sus bordes, azul brillante. A veces ocupaba todo el centro del telescopio y aparecía más grande que la Luna llena.

La velocidad del satélite artificial Eco II era de unos 25 000 kilómetros por hora, por lo que estimo que la del «ovni» debía ser, dados los trayectos cubiertos, de unos 100 000 kilómetros por hora.

Testimonios por el estilo hechos por personas totalmente fidedignas se cuentan no por centenares, sino por decenas de millares. Hace ya años, el número de los reportes acerca de hechos extraños en el cielo en poder de la Agencia de las Fuerzas Aéreas de Estados Unidos, especialmente encargada de ellos, superaba los 15 000. Suponiendo que solo un 10% fuesen auténticos «objetos volantes no identificados», tendríamos la respetable cantidad de 1500 fenómenos en un solo país, ante los cuales ni la ciencia ni las competentes autoridades tienen nada que decirnos, pese a estar sumamente interesadas ambas en descifrar este tipo de enigma y en darle una explicación racional.

Sin embargo, de toda esta avalancha de fenómenos extraños, de hechos comprobados y de explicaciones más o menos creíbles, solo nos quedaremos con una verdad que es la que fundamentalmente nos interesa: estos hechos son reales; existen en realidad unos misteriosos vehículos no fabricados por seres humanos que se pasean por nuestros espacios. A los efectos de este libro no nos interesa de dónde vienen, cómo vienen ni por qué vienen. Nos basta saber que vienen, que llegan hasta nosotros, prescindiendo de nuestro gusto o disgusto, de nuestra credulidad o incredulidad. Dudar de este hecho, sencillamente, no podemos, porque de hacerlo tendríamos que dudar entonces de muchísimas otras cosas serias que se apoyan en los mismos testimonios y razonamientos en los que se apoya la existencia de los ovnis.

2
¿POR QUÉ NO SE MANIFIESTAN?

Quisiéramos, ante todo, dejar clara la realidad del fenómeno ovni. Sin esta convicción el lector no solo perdería su tiempo leyendo este libro, sino que se quedaría al margen de unos horizontes maravillosos. Por ello, quisiéramos tratar en este capítulo de una de las objeciones más fuertes y frecuentes que hay contra la existencia de los ovnis. La objeción más positiva y directa contra su realidad, es decir, que no existen y que son pura imaginación, creemos que es más fácil de ser vencida en cuanto se tenga un poco la mente libre de prejuicios y se tome uno el trabajo de informarse seriamente acerca de los miles de casos investigados más allá de toda duda posible.

Sin embargo, no deja de haber cierta lógica en la objeción que contra todo el fenómeno tiene mucha gente: ¿por qué no se manifiestan? Si pueden hacer tales acrobacias y son tan avanzados técnicamente como dicen, ¿por qué no hacen una demostración de su presencia de modo que ya no le quede a nadie duda de su realidad? Creemos que esta objeción tiene muchas contestaciones.

Antes, queremos poner nosotros por nuestra parte un poco de duda sobre la objeción misma. ¿Es cierto que los ovnis no se manifiestan? Ciertamente no lo hacen de una manera clamorosa, como algunos quisieran, pero de ninguna manera se puede decir que no se manifiestan. Ateniéndonos solo a Estados Unidos, entre 1947 y 1966 el número de comunicaciones a la oficina gubernamental competente, de las cuales esta se dio oficialmente por enterada, fue exactamente de 10 147. Si tenemos en cuenta que el Gobierno de Estados Unidos solo admite oficialmente en sus archivos el 1% de los avistamientos reales y, por otra parte —según confesión de los mismos oficiales del Proyecto Blue Book, de las Fuerzas Aéreas—, desde el año 1960 al 1965 solo se resolvieron satisfactoriamente —es decir, encontrando una causa terrestre conocida— el 2% de los casos estudiados, según el *Times Herald* (Virginia), tendremos que concluir que los ovnis se manifiestan más de lo que mucha gente piensa.

Por otra parte, el internacionalmente famoso Instituto Gallup hizo una encuesta sobre este particular y encontró que treinta y cuatro millones de estadounidenses creían que los ovnis eran objetos reales y no ficciones o alucinaciones de la gente, y cinco millones dijeron que habían visto en el cielo algo —luces, objetos— que ellos clasificaban como «volantes» y «sin identificar». Y no se puede decir que en Estados Unidos tales manifestaciones sean más numerosas que en otros países. Si de otros países no conocemos más datos es por falta de medios de comunicación en tales países. Sabemos que en Australia son muy abundantes y en concreto creemos que las manifestaciones en Estados Unidos son sensiblemente inferiores en número y en calidad a las de unas cuantas naciones de Sudamérica.

Por último, mencionaremos un hecho, no tan conocido, acaecido tras el «telón de acero». El año 1967 un grupo de científicos rusos intentaron crear una comisión civil para estudiar a fondo el problema de los ovnis. Nombraron presidente de la comisión al general de Aviación a Antolin Stolinov, y, valiéndose de su influencia, solicitaron del ministro de Ciencia y Cultura de Rusia que les permitiera estudiar todos los informes acerca de objetos volantes desconocidos que estuviesen archivados en todas las bases militares de la Unión Soviética.

Sin darle mayor trascendencia, les concedieron la autorización, pero a las pocas semanas se la cancelaron, disolvieron la comisión y crearon otra que quedó bajo los servicios secretos soviéticos. ¿Qué había pasado? Las autoridades soviéticas se alarmaron y vieron que se trataba de un asunto serio: en una semana habían llegado a la comisión, procedentes de todas las bases militares, unas 16 000 observaciones.

Pero hay que reconocer que sus manifestaciones tienen algo de extraño: son esquivas, preferentemente nocturnas y en lugares despoblados, huyen al ser descubiertas, y cuando dan señales de querer entrar en contacto, suelen escoger a personas que no son las más cualificadas para dar a conocer el hecho. Todo esto es ilógico... desde el punto de vista de nuestra lógica humana y de nuestra manera de pensar. Pero tenemos que reflexionar, partiendo únicamente de los medios de transporte en los que nos visitan, y no tardaremos en admitir, con la mayor certeza, que individuos que han llegado a tales adelantos técnicos tengan una manera de pensar y de reaccionar ante las circunstancias bastante diferentes de la nuestra.

Y si añadimos el hecho, cada vez más confirmado por testigos oculares, de que las características somáticas de bastantes de ellos son muy diferentes a las nuestras, tenemos que llegar a la conclusión de que muy probablemente las cosas que para nosotros son lógicas, para ellos no lo son tanto, porque su manera de actuar obedece a otras normas y a otras motivaciones que son tan desconocidas para nosotros como lo son los medios de que se valen para alcanzar esas fantásticas aceleraciones en pocos segundos, y para no solo dominar sin motores ruidosos la atracción de la Tierra, sino el mismo principio de inercia.

Según nuestra vanidosa e infantil manera de pensar, a nosotros nos parece lógico que unos seres que lleguen a nuestro planeta quieran hacerse ver en seguida. Y según nuestra belicosa manera de pensar y de actuar, nos parece en cierta manera lógico que vengan con ánimo «conquistador». Eso es lo que los pueblos más adelantados de la Tierra han hecho siempre con los más atrasados: los han avasallado y les han impuesto sus estilos de vida. Pero precisamente con esta manera de actuar y de pensar estamos demostrando nuestro atraso social; por el contrario, los tripulantes de los ovnis nos demuestran que no solo técnicamente, sino moral y socialmente, están más adelantados que nosotros al demostrar tal respeto por nuestra cultura y nuestros derechos. Cuando nuestros productores de televisión pensaron en hacer un programa interplanetario, lo primero que hicieron fue llamarle *Los invasores*, y en él proyectaron todos los complejos de violencia propios de nuestra sociedad.

Una de las principales leyes que un naturalista que quiera estudiar una colonia de hormigas tiene que observar es no interrumpir sus hábitos normales de vida. A nuestro entender, esta es una de las grandes razones de por qué nuestros visitantes no se muestran con más claridad. Naturalmente que al señalar las causas de su timidez o discreción estamos haciendo conjeturas y corremos el peligro de equivocarnos en no pocas de ellas. Lo hacemos, tal como hemos dicho, para demostrar que su falta de exhibicionismo no es una objeción insalvable.

En 1938 se hizo una famosa transmisión radial en la que se hacía creer a los oyentes que la Tierra era invadida por seres de otros planetas y los sociólogos tuvieron mucho que aprender con el pánico enorme que la transmisión creó. Una razón obvia por la que creemos que los extraterrestres no se pondrán más de manifiesto es el indudable terror que esto crearía en innumerables personas. Los resultados de un pánico colectivo podrían ser desastrosos para toda una nación o continente y a la larga para todo el género humano. A poca inteligencia y buena voluntad que tengan nuestros visitantes, tratarán de evitarlo a toda costa, y creemos que hasta ahora lo han hecho muy bien. Aunque no faltan ejemplos de personas que han sufrido profundos traumas psíquicos e incluso físicos al ponerse más o menos en contacto con el fenómeno ovni...

Aun suponiendo por parte de ellos una total buena voluntad, la historia nos demuestra que el encuentro de dos culturas completamente diferentes —y más todavía si una es mucho más adelantada que la otra— es destructiva para la más débil, que en este caso sería la nuestra.

Aparte de estas razones, hay otras más sencillas inherentes al hecho mismo del aterrizaje o contacto con los humanos. La primera es la misma comunicación en sí; aun suponiendo que hayan logrado aprender nuestras lenguas al escuchar nuestras transmisiones, ellos tienen que saber perfectamente que no sería nada normal ver aparecer a un individuo vestido de una manera extraña, probablemente con una constitución física y unos rasgos faciales aún más extraños, hablando con un acento y un tono de voz nunca oídos. La reacción de sus interlocutores sería muy poco positiva.

Otra dificultad, y no pequeña, proviene de las peculiaridades de nuestra atmósfera, que probablemente dista mucho de las de sus planetas en cuanto a presión y composición. Nos imaginamos que el solo hecho de permanecer en nuestra atmósfera entraña para ellos serios peligros que únicamente logran vencer gracias a sus grandes adelantos técnicos. Prueba de lo que decimos son los varios casos conocidos de explosión o accidentes de algunos ovnis.[4]

También puede ser un motivo de retraimiento el miedo a la contaminación, de tipo físico —bacterias y virus desconocidos para ellos y contra los que no están preparados— y puede que también de tipo espiritual. Esto es una mera conjetura

4 Los casos de caídas de ovnis nunca han podido ser corroborados fuera de toda duda. Es una cosa curiosa, que siempre suelen quedar envueltos en el velo del misterio, habiendo muchas contradicciones entre los testigos.

nuestra, aunque avalada por el parecer de otras personas interesadas en todo este fascinante problema. Sería muy larga y probablemente demasiado subjetiva la explicación de esta contaminación espiritual.

Por último, una razón que podrá parecer desconcertante a muchos, pero que tiene grandes probabilidades de ser real: sencillamente, no están interesados en hacer contacto con nosotros, o por lo menos no lo están tanto como nosotros creemos.

Entonces, ¿por qué vienen? Vienen porque tienen curiosidad en conocer cómo somos, hasta dónde llegamos en nuestros medios destructivos y ofensivos, etc., pero esto no implica que estén interesados en entrar en contacto con nosotros. Lo mismo que un sociólogo enviado a estudiar una tribu primitiva y peligrosa podrá realizar eficientemente su trabajo sin tener que entrar obligadamente en contacto con los indígenas, cuyo trato probablemente evitará.

Mucha gente se imagina que estarán ansiosos por darse a conocer, por mostrarnos sus adelantos, por contarnos sus aventuras del espacio o por conocer todas las intimidades de nuestra historia o de nuestra cultura, y por eso no se explican que no desciendan inmediatamente y se pongan en contacto. Pero, en realidad, nuestra civilización, además de ser muy diferente a la suya, es muy primitiva para que pueda lograr atraerlos. Es cierto que algunos individuos de la especie humana, considerados individualmente, han logrado un desarrollo intelectual o espiritual relativo; sin embargo, la especie humana considerada en conjunto, en sus relaciones de pueblo a pueblo y en sus actitudes masivas, está todavía en un grado de infantilidad que tiene que infundir lástima a nuestros visitantes del espacio. Como no lo hagan por caridad, no creo que tengan demasiado gusto en venir a respirar el humo de nuestras ciudades, a participar de las masacres de nuestras carreteras o a contemplar el estado de violencia social y política en que se encuentra nuestro mundo.

No nos olvidemos de que nuestros visitantes vienen de muchas partes diferentes, a juzgar por sus vehículos y su constitución física, y, por lo tanto, es lógico que sus relaciones con nosotros sean también diferentes. Si algunos de entre ellos tienen intención de entrar en mayor contacto con nosotros, lo primero que nos demuestran es que no tienen gran prisa. Y creemos que, de ser esa su intención, lo están haciendo muy sabiamente. Nos extrañamos de que no se pongan en contacto con las autoridades oficiales, con los «grandes» del mundo, y vemos que en esto están haciendo lo mismo que hizo Cristo, que se rodeó de auténticos hombres del pueblo, que no parecían los más aptos para transmitir su mensaje. Sabía, por una parte, que los grandes, «las autoridades», no lo recibirían, y, por otra, sabía que si su mensaje caía de primera intención en manos de los grandes, estos lo corromperían en seguida, acomodándolo a sus apetencias. Por eso prefirió penetrar directamente en el pueblo para que la labor fuese más genuina, aunque perdiese en rapidez o en espectacularidad.[5]

En las muchas ocasiones que hemos tenido de hablar con personas sencillas que dicen haber tenido una mayor aproximación a visitantes extraterrestres, nos ha venido el pensamiento de si no se estará repitiendo el mismo fenómeno. Los cultos, las autoridades, «los que saben», sistemáticamente rechazan esta realidad. Pero entre el pueblo la idea va penetrando poco a poco y preparando los ánimos. Se repi-

5 De hecho, en cuanto el cristianismo, con el emperador Teodosio, fue impuesto como la religión oficial del Imperio, empezó inmediatamente a desvirtuarse por la cabeza. El roce de los papas y obispos con los reyes y gobernantes hizo que aquellos perdiesen muy pronto la esencia de las enseñanzas de Jesús y se habituasen a una vida pomposa, aunque de palabra siguiesen llamándose «pobres y humildes». Y se dio el caso de que, mientras el pueblo sencillo y pobre vivía un verdadero cristianismo, muchos de los líderes religiosos vivían de espaldas a la pobreza y a la sencillez evangélica.

te al pie de a letra lo que dice san Pablo: «Dios escogió a los débiles para humillar a los fuertes, y escogió las cosas que a los ojos de los hombres parecen necias para humillar a los sabios» (I Cor. 1, 27).

3
GOBIERNOS Y EXTRATERRESTRES

Para nadie es un secreto que la mayoría de los gobiernos de los países más avanzados —en tecnología— del mundo niegan persistentemente la existencia del fenómeno ovni. Ante las inquietas llamadas de los ciudadanos, lo más habitual es darles una explicación meteorológica o física pseudocientífica que en muchas ocasiones resulta totalmente necia. No se puede negar que tal actitud por parte de los gobiernos, respaldados en esta mendaz tarea por científicos y militares, ha logrado mantener a los habitantes del planeta en un estado de incertidumbre o incredulidad.

Hace tiempo que venimos reflexionando sobre el asunto para profundizar sobre sus causas, porque nos intriga el saber por qué casi todos los gobiernos y autoridades reaccionan de la misma manera ante el fenómeno, como si previamente se hubiesen puesto de acuerdo. Sabemos a ciencia cierta que los gobiernos de Estados Unidos y Rusia intercambian en secreto su información; pero vemos cómo las autoridades de países pequeños reaccionan ante el fenómeno con el mismo celo y la misma doblez que vemos en los «grandes». Fue para nosotros un motivo de extrañeza, al mismo tiempo que de satisfacción, el día que presenciamos la proyección de una serie de diapositivas sobre ovnis que pertenecían al Ministerio de Educación de Holanda y estaban destinadas a las escuelas públicas de aquella nación. Este comportamiento honesto, al mismo tiempo que responsable, de las autoridades holandesas, dista mucho del silencio o del desprecio con que vemos tratado este asunto por las autoridades de otros países.

No creo que tengamos que aducir muchos testimonios para probar lo que es de todos conocido. Entre los innumerables hechos que podríamos narrar nos bastará esta muestra concreta de cómo miente el Pentágono con relación a este asunto, en connivencia con las autoridades del Gobierno.

El año 1954, en el boletín de prensa que la Fuerza Aérea de Estados Unidos hace a mediados de cada año, se afirmaba que los ovnis eran prácticamente cosa del pasado. Para probarlo, se añadía que en los primeros cuatro meses del año en curso solamente se había recibido aviso de un total de ochenta y siete avistamientos. Ante esta afirmación, el famoso comentarista de radio y televisión Frank Edwards se puso en comunicación con el ATIC (Air Technical Intelligence Center) en Dayton (Ohio), lugar en donde se catalogan todos los avistamientos de ovnis que se reciben en la Fuerza Aérea, y obtuvo del oficial a cargo de estas materias, el coronel John O'Mara, el siguiente comunicado: «Hasta ahora este es el año que bate el récord de avistamientos. Hemos estado recibiendo reportes a razón de setecientos por semana».

Evidentemente, la coordinación militar no funcionó muy bien en este caso. Frank Edwards presentó estas dos afirmaciones contradictorias en un memorable programa por la Mutual Network. A las pocas semanas, por presión del Pentágono era despedido, a pesar de tener trece millones de oyentes cada noche. La revista *Life* resumía más tarde certera y sarcásticamente la situación: «Durante el presente año habrá unas doscientas visiones confirmadas de ovnis, de las cuales el Pentágono está ya dispuesto a desmentir doscientas diez».[6]

6 *Life*, enero de 1958, pág. 16.

Por su parte, los rusos no se quedan atrás. El periódico *Pravda* escribía en enero de 1961: «Los ciudadanos rusos que afirman haber visto platillos volantes son débiles mentales o farsantes». Añadía que lo único que hacían era repetir lo que los americanos decían. Para un súbdito de un país comunista, estas palabras son más que suficientes para que nadie vuelva a ver absolutamente nada en los cielos. En el futuro, el que viese «ovnis» corría el peligro de ver, además, las «estrellas».

Creemos que la razón profunda, y en cierta manera subconsciente, que mueve a los gobiernos de casi todos los países a resistirse a la admisión de tales fenómenos, es de índole moral y está enraizada en los bajos fondos del psiquismo humano.

Nos permitimos aquí copiar un relato de ficción del excelente escritor mexicano Ramiro Garza, sacado de su libro *El quinto reino*, por creer que resume bastante lo que estamos tratando de decir:

> Las epidemias de ovnis cesaron inesperadamente. El mundo ya no volvió a comentar aquellas apariciones luminosas, extrañas y fugaces. Los astrónomos pudieron dormir tranquilos y continuar limpiando cada ocho días los cristales de sus complicados telescopios. Los periodistas se volvieron a ocupar de los políticos y los políticos retornaron a sus negocios, ya sin la angustia de responder algo a los pueblos agitados por la sicosis y la histeria de seres de otros planetas. Aunque los estudios secretos continuaron, ya no veían la luz pública para que los estudiosos no fueran acusados de anticuados, imbéciles o dementes. Después de todo, los ovnis, como lo afirmaron las autoridades, no eran sino simples ilusiones de óptica o fenómenos de aire ionizado, o simplemente fenómenos de aire. Aquellos elegidos que lograron sentir la presencia ultraterrestre a escasos metros de distancia o que fueron arrebatados en una nave hacia otros mundos fueron cayendo en la leyenda y en los archivos de la psiquiatría oficial, si es que no fueron

devorados por el desprestigio o ignorados en el más natural de los olvidos.

Un escritor tuvo un tremendo impacto con una novela titulada *Adiós a los ovnis*. Un músico de vanguardia salió retratado en todas las páginas de sociales después de un cóctel de bienvenida a su cantata neoacústica titulada «*Credo in unum ovni*», grabada en el interior de la Gran Pirámide de Egipto, con todos los músicos drogados, logrando así la comunión de los espíritus egipcios con los espíritus modernos. Un político renombrado fue juzgado en los tribunales, aplicándosele la ley de responsabilidades oficiales. Y todo porque en una pequeña orgía en honor de varios inversionistas extranjeros, ya embriagado totalmente, brincó a una mesa desnudo y, eufórico, gritó: «¡Yo sí creo en los ovnis!». Eso fue su ruina. Tres meses después se le exhibía como escarmiento público de robo legal, es decir, de enriquecimiento legítimo al amparo de las contribuciones del pueblo.

Afortunadamente, los tiempos habían cambiado. La fábula de los ovnis desapareció tan rápidamente como vino y aviadores, teólogos y periodistas olvidaron el tema.

El mundo perfeccionaba su manera de vivir, habiéndose convencido de que el mejor lugar entre las miles de galaxias existentes era este granito de tierra que seguía girando a 1,975 kilómetros por hora en relación con una estrella de la constelación de Hércules. Tras de comprobar mediante excursiones costosísimas que no había ni vegetales en la Luna, ni microbios en Marte, ni tan siquiera gentes admirables en Venus, la comunidad terrícola regresó a sus hermosos pensamientos cotidianos, como quien después de ir al jardín a ver si no hay ladrones regresa a su recámara a tomar un café y a platicar sobre el angustioso problema de la inmortalidad del cangrejo.

En el reloj del universo, reloj sin manecillas y sin cuerda, había sonado la hora de la revelación. Fue el 21 de agosto del año 2100.

Nueve naves nodrizas de apariencia majestuosa flotaron simultáneamente en los cielos de nueve de las ciudades más importantes del mundo: Londres, Nueva York, Buenos Aires, Roma, México, Berlín, Moscú, París y Madrid. En cinco minutos el mundo supo la noticia increíble: ¡las naves habían descendido! Escogiendo lugares estratégicos en cada ciudad, aterrizaron en forma impresionante, matemática, definitiva. Hubo en su arribo tal dominio y tal exactitud que más que una excursión ultraterrena parecía aquello un golpe de estado mental. No obstante que las naves eran de doscientos metros de diámetro, solo descendieron con toda sencillez de cada una de ellas tres seres tranquilos y espirituales. La gente se agolpó por millares para observarlos. En Buenos Aires, músicos callejeros tocaron en su honor un viejísimo tango: «Caminito...». En París se improvisó inmediatamente un espectáculo al estilo Moulin Rouge, con muchachas desnudas y bailarines de sexo desconocido. En Londres se formó una valla de jovencitas desquiciadas con cartelones mostrando a cuatro hermosos cavernarios del siglo xx, cuya legendaria existencia se basaba en haber tocado *rock and roll*, reforzando las divisas de Inglaterra. En México, dos grupos de mariachis interpretaron espontáneamente la tonadita «*Happy birthday to you*», ya que con el tiempo las melodías propias las habían olvidado totalmente. En Moscú, los tataranietos de los primeros astronautas desfilaron ante la nave ultraespacial, llevando en la mano las escafandras viejísimas de sus ancestros y cantando al unísono el himno «¡Por el Kremlin, ninguno de nuestros astronautas ha visto personalmente a Dios!». En Nueva York, el alcalde de la ciudad ofreció a los seres que descendían una tonelada de *pop corn* y el desfile de veinte bastoneras de fútbol americano. En Roma se les presentaron copias fotostáticas amplificadas de la Pampanini y la Cardinali, al tiempo que en el Vaticano se improvisaba un concilio para discutir si debían o no ser bautizados los visitantes del más allá. Su Santidad, desde sus habitaciones privadas, vio el descenso de la nave, hizo en el aire la señal de la cruz, recordó algunas cosas y guardó silencio ante el estupor de sus secretarios atentísimos.

Y no se tome a mal el hecho de que el mundo hizo todo eso, porque fue algo que apareció como por instinto... Sacar las antigüedades a relucir fue para los terrícolas algo así como para cualquiera de nosotros sacar lo más querido del hogar para enseñarlo a los recién venidos. ¿Qué invento, qué verdad, qué clase de hazaña podía mostrarse a los vencedores de las galaxias si ellos poseían secretos más maravillosos? Enseñarles un poco de folklore o algo de tradición, o ultimadamente restos de la cultura cocacoidal, era decirles: «¿Han conocido ustedes algo similar...?». Y conste que las mencionadas demostraciones fueron estrictamente populares...

En menos de una hora los gobiernos de todos los países acordaron llevar a los visitantes al gigantesco edificio de la ONS (Organización de Naciones Supervivientes). Ahí, los 27 seres ultraterrestres fueron objeto de una mesa redonda de investigación y sorpresa. La apariencia de estos seres imponía una admiración secreta a todos los estadistas y políticos del momento: serenos, pálidos, sobrios, de aspecto tranquilo, de mirada firme, clara y sincera. Alguien afirmó que así los habían descrito en el siglo xx los visionarios que los intuyeron. Había en ellos diferencias de estatura, facciones y vestuario, pero los unificaba la perfección proporcionada.

Después de los flashazos y el barullo, tras del tumulto natural de su llegada al edificio de la ONS, ya situados en el estrado los 27 visitantes, se impuso un silencio telepático y, levantándose uno de ellos, habló a todos:

«Gracias por recibirnos con curiosidad y con alegría. Nuestra estancia en este planeta obedece a fuerzas superiores. Habiendo analizado la humanidad durante siete mil años, nuestras conclusiones han llegado a ser margen de una nueva oportunidad para la Tierra. Somos, según la matemática terrestre, 27 individuos. Pero en nosotros existe el germen de los mejores talentos habidos en los siete mil años de vuestra cultura. El Supremo Coordinador Galaico ha tenido a bien captar, antes de que se desintegraran, los núcleos magnéticos de los genios que vosotros habéis desperdiciado. Antes de descender de nuestras naves hemos inhalado, cada uno de nosotros, la esencia real y virtual de los espíritus más nobles que han vivido encarnados en la Tierra. Dentro de veinticuatro horas empezaremos a transformarnos. Ante ustedes aparecemos como Buda, Quetzalcoatl, Sócrates, Tomás de Aquino, Copérnico, Cervantes, Einstein, Bach, Miguel Ángel, Tolstoi, Pericles, Da Vinci, Pasteur, Bolívar y tantas otras almas selectas de la Tierra.

»Somos los misioneros de una nueva edad, quizá la última, para que la Tierra encuentre una oportunidad de redimirse ante el cosmos de todas sus injusticias, cometidas en nombre de la avaricia, la vanidad, el sexo y el poder. No es nuestra enseñanza algo extraño para vosotros, sino algo que olvidáis con demasiada frecuencia. Nuestras naves ya tienen orden automática de regresar a los lugares del cosmos de donde hemos sido llamados. Solo nos quedaremos nosotros, sin más poder que el Espíritu y sin más arma que la Verdad».

Un silencio absoluto reinó en el gran salón de la ONS. Atónitos, como heridos por el rayo, los líderes de las naciones se miraron unos a otros, y recuperando lentamente la conciencia de la situación, intercambiaron miradas y comentarios agitadísimos en voz baja.

Los 27 extraterrestres se pusieron en pie, esperando la autorización para retirarse a esperar su maravillosa metamorfosis. Varios estadistas tomaron la palabra. Eran las siete de la noche. Informar a los pueblos de la Tierra de aquella situación provocaría una catástrofe. Política, comercio, religión, bases firmes de la civilización terráquea se venían abajo de un día para otro. ¿Qué hacer? ¿Qué decisión tomar ante aquella aparición inmutable de la Verdad y del Espíritu? ¿En qué papel quedarían las fuerzas vivas del mundo al enfrentarse a las fuerzas muertas de la cultura, que ahora relampagueaban en los ojos de aquellos 27 extraterrestres?... No... ¡Estaba equivocado el Supremo Coordinador de las galaxias! Aquella no era la forma de salvar a la Tierra... Además, no había necesidad de salvación alguna... El patrón oro estaba firme, el hambre no había desaparecido, el sexo ocupaba su papel comercial de siempre y las religiones más o menos seguían funcionando. ¿Para qué salvar una humanidad que había encontrado la felicidad en la rutina? ¿No se convertiría el planeta Tierra, con esa extraña autofecundación extemporánea, en una fábrica de monstruos incontrolables...?

Afortunadamente, los periodistas habían sido expulsados del salón. Nadie, absolutamente nadie, había oído el discurso de los visitantes, excepción hecha de los 200 delegados políticos de la Tierra. Entonces...

El 22 de agosto del año 2100, tiempo de nadie, todos los medios informativos dieron a conocer la noticia escalofriante:

«Ayer, en el salón de acuerdos universales del edificio de la Organización de Naciones Supervivientes, más de 200 dirigentes políticos de la Tierra lograron imponerse a la terrible sugestión hipnótica de 27 extraños visitantes espaciales, quienes, mediante una amenaza pacífica de destrucción mental, deseaban terminar con nuestra supercivilización, acrecentada en estos últimos ochocientos años con el descubrimiento de que no existen seres inteligentes en toda nuestra galaxia. Al oponerse los congresistas a la insinuación de los extraterrestres, estos trataron de asesinar a nuestros dirigentes políticos. En legítima defensa fueron muertos, pisoteados y descuartizados los temibles invasores espaciales. Al morir bajo los puños y los zapatos de nuestros gobernantes, no hicieron más que comprobar la farsa de su poderío. La policía trató de detener las naves de donde se supone descendieron, pero al no hallar ni rastro de ellas se ha considerado oficialmente que todo ha sido un estado de psicosis colectiva, dejando a la fantasía popular los comentarios de ciertos fenómenos acaecidos la semana pasada, fenómenos que se explican fácilmente como de origen meteorológico simple. Se ha girado orden a todos los periódicos del mundo para olvidarse de este incidente y quienes sigan tratando en pleno siglo XXII estas cuestiones no harán sino demostrar su ignorancia y falta de verdadera información».

Una vez más la Tierra había asegurado su porvenir cotidiano.

Mientras, a millones de kilómetros de este planeta, nueve naves en formación perfecta se desplazaban hacia la capital del universo.

Hasta aquí el relato de Ramiro Garza. Por estar ambientado en el siglo XXII se pasan por alto muchos detalles que en el siglo XX conocemos muy bien y que en parte nos dan la explicación de la conducta de los «grandes» de todos los tiempos.

Confesamos que a veces sentimos una gran depresión al reflexionar sobre el psiquismo y sobre la conducta de los habitantes de este planeta. Da la impresión de que la raza humana, en medio de muchas buenas cualidades tiene un virus hereditario que la obliga a cometer mil actos de insipiencia y de maldad.

Pero si este instinto de maldad aparece en todas las capas sociales, se manifiesta con un refinamiento especial en aquellos que tienen en sus manos alguna clase de poder y en especial el poder político. No es que los gobernantes sean peor que el pueblo; es que los gobernantes tienen en sus manos ese algo que es capaz de hacer salir a la superficie lo que antes llamamos «los bajos fondos del psiquismo humano».

Qué triste es contemplar en la historia tantas revoluciones justas que prometían ser el fin de un estado de cosas abusivo y que al cabo de un tiempo eran tan injustas como los regímenes que habían derrocado, porque, una vez más, el poder corrompió a los que se acercaron a él, haciéndoles salir a la superficie esa semilla de mal que la raza humana lleva escondida en el fondo del alma y que está siempre presta a brotar en cuanto se dan las circunstancias propicias para ello.

Es aquí donde la doctrina católica del pecado original nos ha hecho meditar muchas veces. No podemos admitir la manera cómo la Iglesia nos la ha presentado hasta ahora, pero sí reconocemos que hay alguna dolencia psíquica, física o espiritual que aqueja a la humanidad y que la esclaviza desde los estratos más profundos del yo. Quien estudie la historia humana con ojos desapasionados y analice las acciones diarias de los hombres contemporáneos, comenzando por las suyas propias, llegará a la conclusión de que somos una especie belicosa, engañadora y apasionada. Sencillamente, no sabemos por qué nacemos así.

Nadie vaya a pensar, por lo que dejamos dicho, que para nosotros «gobernante» es sinónimo de «malvado». Afortunadamente para la humanidad, muchas personas han llegado a puestos de poder y han sabido y saben usar este para el bien del pueblo. Pero los volúmenes de historia están repletos de ejemplos contrarios, a pesar de que los «grandes» tienen muchas maneras de tapar sus maldades. Y aun admitimos que muchos poderosos han cometido tremendas injusticias cuando creían estar haciendo el bien.

Porque otra de las malas cualidades del poder es la capacidad que tiene de deformar la conciencia, dándole a las cosas una perspectiva y un valor diferente del valor que le da la generalidad de las personas. Con qué facilidad los gobernantes de todos los tiempos han creído la cosa más lógica que para ellos se edificasen suntuosos palacios y se gastasen ríos de oro en sus comidas, vestidos y diversiones, mientras sus súbditos arrastraban una vida miserable. El poder deformó las mentes de gentes honestas, por otro lado, impidiéndoles ver que en países y en tiempos en que la gran masa era analfabeta y andaba descalza era una gran injusticia edificar palacios con materiales traídos de países lejanos. El poder es como un ácido que corroe la semilla buena que también está en el alma del ser humano. El poder segrega un humo que atonta la cabeza y llega a hacer creer a los poderosos que no solo *tienen* más o *pueden* más, sino que *son* más que los otros. El poder inventa anillos, cetros, joyas, doseles, coronas y tiaras y toda suerte de cintas y colgajos que no son más que verrugas de soberbia sublimada.

No creemos pecar de exagerados si afirmamos que hoy día buena parte del mundo está regida por ciegos bienintencionados —que creen que las cosas tienen que seguir siendo como fueron o, de lo contrario, se hundirían las bases de la sociedad— o por aprovechados irresponsables —que tienen el poder como medio de bien vivir y de saciar sus complejos de dominio—. Cuando los pueblos del mundo entero se están revelando, lógicamente, contra el viejo orden de cosas —porque las estructuras sociales que fueron buenas para otros tiempos ya no sirven para estos—, los ciegos que disfrutan el poder, en vez de buscar soluciones drásticas, ponen parches o reprimen por todos los medios este incontenible movimiento social. Con ello retardan la natural revolución del mundo, pero piensan que así se mantiene «el orden» y, al mismo tiempo, podrán seguir disfrutando de su posición y podrán seguir jugando a gobernar.

Las maneras de racionalizar estas represiones son muy variadas y muy ingenuas: «El prestigio de la nación»; «Ante todo, orden y paz»; «No hay nadie preparado para suplirnos»; «Es una revolución pagada por Moscú»; «Se hundiría la economía del país», etc. Pero lo único que piden los pueblos es más justicia, más oportunidades y menos privilegios. Se acabaron los viejos nobles de acciones heroicas, pero aparecieron muchos nuevos innobles de acciones bancarias. El pueblo se rebela contra ellos y contra los que ganan cinco veces más trabajando cinco veces menos; contra los que detentan el poder civil como un monopolio, sin permitir que el pueblo participe o, por lo menos, opine; contra los que derrochan irresponsablemente el dinero de la nación. Recordamos un acto solemne de las Naciones Unidas: estábamos en la acera viendo como salían los embajadores y, cuanto más miserable era el país, más largo era el Cadillac de su representante.

¿Tiene algo que ver con los ovnis todo esto? Mucho. Los políticos, con el instinto que les caracteriza, han adivinado que la presencia de los ovnis entraña para el injusto orden de cosas que ellos han establecido un serio peligro, aunque sea a largo plazo. Coincidimos, en parte, con la compleja teoría de Carl Gustav Jung referente a los ovnis cuando dice que los hombres del siglo xx, después de dos guerras mundiales y en constante peligro de otras peores —gracias a una minoría irresponsable de gobernantes—, subconscientemente esperan y buscan un nuevo redentor o mesías que los libere de su angustia. Todo ese hastío y miedo profundo que nuestra generación lleva en lo íntimo del alma lo proyectan en los ovnis —sean estos reales o imaginados— en virtud de complicadísimos mecanismos psíquicos.

Los políticos saben que por mucho que ellos luchen por impedirlo, la historia humana está a punto de cerrar un capítulo. Los pueblos no aguantan más a sus gobernantes, quienesquiera que estos sean, si no vienen con soluciones completamente nuevas frente a los nuevos problemas de hoy. Ellos saben que la aparición masiva de los ovnis es una de las señales de que se termina una era, la era de los gobiernos injustos, de los poderes dictatoriales, de los privilegios, del analfabetismo de los pueblos, del hambre masiva, de las guerras económicas, de los robos legales, de los asesinatos políticos, de las represiones contra peticiones justas, de la mezcla del poder económico con el poder político, del olvido de las masas proletarias y de la existencia misma de tales masas.

Ellos saben o intuyen que tiene que venir una era en que todos los hijos de Dios tendrán los mismos derechos y las mismas oportunidades y que se tiene que acabar el tiempo en que una minoría de personas viva del trabajo de una mayoría. Y si la angustia logra hacer que los pueblos vean en los ovnis a los redentores que los librarían de los males presentes, a los gobernantes el miedo y el fondo de la conciencia les hace ver en los ovnis a los jueces que les privarán de los privilegios presentes. En virtud de una agudeza inherente a su oficio y de una lógica subconsciente, deducen que unos seres que vienen en unos aparatos tan perfectos, naturalmente vendrán también con un sentido de justicia perfecto y una capacidad de ejecución perfecta o por lo menos mucho más perfecta que la de ellos.

Ramiro Garza apunta en su relato otra poderosa razón para explicar el rechazo de los poderes públicos: el amor propio herido. En primer lugar, los grandes técnicos de las grandes naciones con sus grandes armamentos y conocimientos no saben qué decir ante estos vehículos misteriosos que surcan el aire, y, de admitir su realidad, aparecerían ante el pueblo como ignorantes, lo cual va en descrédito de ellos. En segundo lugar, cuando las autoridades, heridas en su amor propio al ver violado su espacio aéreo, enviaron a un caza en persecución del intruso, el ovni desintegró en el aire a su perseguidor como si se tratase de un avión de juguete.[7]

---

7 El famoso caso del piloto Mantell, en Estados Unidos, enviado a perseguir a un ovni. Los restos fragmentados del avión y del cuerpo del piloto fueron recogidos por las autoridades, pero siempre se rodeó este caso del sigilo más absoluto.

Menos conocido es el caso del teniente R. Wilson. Pilotando un reactor F-86 de la Base Aérea de Kinross (Michigan, EE. UU.) persiguió a un ovni durante 250 kilómetros. Repentinamente los dos objetos desaparecieron de las pantallas de radar y fueron inútiles todas las búsquedas que se hicieron durante muchos días. Sencillamente, desapareció sin dejar rastro.

Extrañísimo fue lo acaecido a un caza soviético en agosto de 1950. Cuando junto a un avión de reconocimiento y a otro caza sobrevolaba el mar del Japón, apareció en pleno día ante ellos un ovni esférico y luminosísimo de gran tamaño, que se mantenía inmóvil en el aire. El caza se le aproximó y le lanzó una ráfaga de ametralladora. Entonces sucedió algo increíble: el caza perdió velocidad y fue como atraído por el ovni hasta detenerse en el aire a escasa distancia; comenzó a vibrar violentísimamente hasta que una enorme explosión lo redujo a polvo.

Finalmente, los visitantes cometieron una falta garrafal de cortesía y de diplomacia: no se hicieron anunciar, y cuando llegaron no solo no se dirigieron a las autoridades competentes, sino que trataron de hacer contacto con personas anónimas que nada tenían que ver con los gobiernos de las respectivas naciones. Como la profunda psicología humana apenas cambia, las autoridades reaccionaron lo mismo que el viejo Herodes al verse ignorado de los Magos: «Acabemos con los niños», dijo este. «Acabemos con los ovnis», dijeron aquellas. Se buscó un científico apto para que presidiese una comisión *ad hoc*, y tras mucho no investigar se lanzó el oficial y concienzudo comunicado:

> Los ovnis no son sino simples ilusiones ópticas o fenómenos del aire ionizado, de aire no ionizado o simplemente fenómenos de aire.[8]

Amén.

8 Tal vez fue en el fondo el famoso comité e informe del Dr. Condon, que rindió su veredicto en enero de 1969. Como consecuencia de ello, la Fuerza Aérea, en diciembre del mismo año, canceló su investigación sobre los ovnis (Proyecto Blue Book) después de haber investigado 12 618 casos en 22 años. En el libro *La amenaza extraterrestre*, de Freixedo, se habla de este y otros proyectos oficiales relacionados con el fenómeno ovni.

4
LOS OVNIS EN LA HISTORIA

El comienzo de las visitas de estos misteriosos vehículos a nuestro planeta, contra lo que muchos creen todavía, no es reciente. Es cierto que a raíz de nuestras primeras experiencias atómicas parece que se han incrementado sus avistamientos, pero a lo largo de nuestra historia podemos encontrar incontables testimonios irrefutables de la presencia de naves desconocidas en nuestros cielos. Si al hecho de que en aquellos tiempos todavía el ser humano estaba muy lejos de haber inventado el aeroplano añadimos el detalle de que las descripciones que de los artefactos volantes nos dejaron los historiadores contemporáneos coinciden con lo que en la actualidad nosotros mismos podemos ver y fotografiar, no tendremos más remedio que concluir que hace ya muchos siglos que los ovnis se pasean por nuestra atmósfera.

Los testimonios de objetos volantes desconocidos en la antigüedad son innumerables. Jacques Vallée, en su obra *Anatomy of a Phenomenon*, dice que tiene archivados más de 300 avistamientos de ovnis anteriores al siglo XX. Nosotros nos limitaremos aquí a poner una ligerísima muestra para ilustrar algo lo que acabamos de decir.

Comenzaremos por citar un caso acaecido en Zacatecas (México) en el año 1883. José Y. Bonilla, astrónomo director del observatorio de aquella ciudad mexicana, pudo contar primero 283 objetos redondos o con forma de dirigibles que pasaban entre la Tierra y el Sol; más tarde pudo fotografiar bastantes de ellos, y al día siguiente tomó varias fotografías, en las que aparecen en total 116 objetos que tardaban alrededor de un minuto en atravesar la superficie del disco solar. Comunicó inmediatamente su hallazgo a sus colegas de los observatorios de México capital y Puebla, pero ellos no pudieron ver nada en virtud del paralaje, ya que los objetos se hallaban muy cercanos a la Tierra. Las fotos obtenidas por el señor Bonilla han sido publicadas por revistas especializadas de astronomía.

Es de notar que el año anterior otro ilustre astrónomo, E. W. Munder, miembro del Real Conservatorio de Greenwich, vio también un extraño vehículo espacial que él describió detalladamente en el *Observatory Reports* y al que genéricamente dio el nombre de «*strange celestial visitor*». Todavía no se había popularizado el nombre de «platillos volantes», que, dicho sea de paso, no fue inventado por Kenneth Arnold, sino que ya lo vemos en un periódico de 1878 usado por un ranchero para describirle al periodista la forma de un extraño objeto que él vio sobre su granja cerca de Denison (Texas, EE. UU.).

De los siglos XVIII y XIX hay muchísimas informaciones estrictamente históricas de objetos extraños que surcaban los cielos de toda Europa. Florencia (Italia) parecía una de las metas preferidas de estos visitantes; después de muchas manifestaciones, el 9 de diciembre de 1781 organizaron un verdadero desfile por encima de la bella capital toscana. Ya mucho antes, el famoso Benvenuto Cellini nos había dejado en su autobiografía testimonio de un fenómeno similar sobre la misma ciudad.

No escasean las noticias referentes al siglo XVI. En Zúrich (Suiza) se conservan unos grabados del artista Wieck que ilustran el paso de numerosos «discos voladores» sobre dicha ciudad entre los años 1547 y 1558. Sobre Turingia (Alemania) se produjo gran estruendo de un «globo en llamas» en el año 1548, dejando caer una sustancia que parecía sangre coagulada. En 1557, Viena (Austria) fue sobrevolada por extraños artefactos luminosos y en el mismo año aparecieron en los cielos de Polonia objetos que el cronista llama «soles verdes» y «soles rojos». «Discos incandescentes» sobrevolaron Nüremberg (Alemania) también en 1557. En 1558 dos grandes objetos redondos da la impresión de que sostenían un combate sobre los cielos de Austria. De nuevo en Nüremberg, el 14 de abril de 1561, los cronistas hablan de «discos negros, blancos, rojos y azules» y de «dos aparatos en forma de huso».

El 7 de agosto de 1566 se verifica en Basilea (Suiza) el mismo hecho que hemos descrito más arriba acaecido trescientos años más tarde en la ciudad mexicana de Zacatecas: «Un enjambre de formas redondeadas negras pasó delante del Sol a una velocidad increíble». De ello se conserva un grabado en el que aparecen los asombrados habitantes señalando hacia el cielo, en el que se ven multitud de globos negros y también blancos. Otro cronista nos narra con todo detalle el paso lento de «una máquina circular con una esfera en el centro muy luminosa» por encima del cielo de Hamburgo y de otras ciudades menores de la Alemania septentrional en 1697.

En la Edad Media fueron por lo general los monjes los que nos transmitieron fenómenos de este tipo. Como es lógico, los hechos nos llegan no pocas veces distorsionados con significados religiosos o mágicos. Sin embargo, por el parecido que tienen con otros y por la forma de describirlos, y en muchos casos por la seriedad misma del cronista, no podemos dudar de que se trata de los mismos hechos que estamos investigando.

Uno de estos cronistas, digno de toda consideración por su fama, no solo como hombre sabio —es considerado como el padre de la historia inglesa— sino como hombre de una vida ejemplar, es el benedictino de la abadía de Wearmouth conocido en toda la Iglesia con el nombre de san Beda el Venerable (672-735). En el capítulo VII de su *Historia Ecclesiastica Gentis Anglorum* narra un extraño caso acaecido el año 664: «Una noche, mientras algunos monjes estaban orando en el cementerio anexo al monasterio de Barkong, al lado del Támesis, una gran luz bajó del cielo, los iluminó y se dirigió del otro lado del monasterio hasta que por fin se perdió en las profundidades del espacio. La luz era tal que haría parecer pálida la luz del sol a mediodía». Y añade un detalle curioso que dice mucho a los investigadores modernos de estos fenómenos por ser bastante frecuente: «La mañana siguiente algunos jóvenes de la Iglesia declararon que los rayos de luz procedentes de aquel objeto habían penetrado a través de las rendijas de puertas y ventanas, produciendo en el interior del edificio una claridad ofuscante». El mismo monje nos refiere otras cuatro apariciones de objetos volantes.

Otro testigo de excepcional importancia es san Gregorio de Tours, que en su *Historia Francorum* nos dice: «Un globo muy luminoso sobrevoló el territorio de Francia el año 588». Hechos parecidos se narran en los *Annales Laurissenses*, en las *Crónicas Anglosajonas* y en el libro llamado *Flores Historiarum*, del monje benedictino Roger de Wendover.

Un hecho curioso lo encontramos en *Vida de Carlomagno*, escrito por su secretario Eginardo. Nos cuenta este historiador en el capítulo XXXII que cabalgando un día del año 810 Carlomagno hacia Aquisgrán se vio un gran globo descender del cielo primero vertiginosamente y luego dirigirse hacia Occidente. Esta repentina aparición, junto con el enorme resplandor que emitía, espantaron al monarca, pero, sobre todo, a su caballo, que se encabritó y derribó a su jinete, malhiriéndolo. Nuevas apariciones de objetos volantes se leen en la vida de su hijo Ludovico Pío, y otras más abundantes, pero más dudosas, aparecen en los famosos *Capitulares*.

Lo cierto es que, a medida que el interés por los ovnis se va despertando en nuestros días, van apareciendo más trazas de ellos en las innumerables páginas que duermen empolvadas en los anaqueles y en las que están escritos tantos hechos extraños de la historia humana. El lector de hoy, ante lo que está ocurriendo en la actualidad, no pasa los ojos tan rápidamente sobre hechos que en otro tiempo eran automáticamente catalogados como «leyendas medievales». Tenemos que conceder que los medievales también tenían el suficiente sentido común como para saber distinguir las cosas extraordinarias de las que no lo eran.

Aunque pudiese a primera vista parecer lo contrario, a medida que retrocedemos en el tiempo tenemos proporcionalmente más testimonios de extraños aparatos surcando los cielos. Y si es cierto que la credulidad de aquellos tiempos pudo, en muchas ocasiones, inducirlos a error, tenemos por otra parte la ventaja de que no vendrá ninguna agencia oficial de ningún gobierno a decir que se trataba de confusiones con globos sonda o paracaidistas en maniobras o aeroplanos especiales de ningún tipo, como tantas veces hemos leído en los bizarros comunicados oficiales que se refieren a visiones actuales.

Cicerón, en su libro *De Divinatione*, nos habla de «un tiempo en que se vieron dos soles..., y cuando se vio un sol de noche, se oyeron ruidos en el cielo y el cielo mismo pareció estallar y se vieron en él extraños globos». Más adelante, recoge de todos los grandes escritores latinos citas relativas a este asunto.

Por su parte, Plinio el Viejo nos ha dejado muchas alusiones a extraños fenómenos en el cielo. En el capítulo XVI del segundo libro de su *Historia Natural* nos habla de «vigas luminosas que aparecieron en el cielo», y de paso recuerda otras por el estilo que se habían visto en Grecia.

En el capítulo XXXII leemos: «Simultáneamente aparecieron tres lunas durante el consulado de G. Domicio y G. Fannio». En el XXXIII nos habla de «un sol nocturno» durante el consulado de S. Cecilio y G. Papirio. Del capítulo XXXV copiamos: «... una chispa se desprendió de una estrella y se fue agrandando a medida que se acercaba a la Tierra; cuando llegó a tener la grandeza de la Luna difundió una claridad como la de un día nublado y luego se retiró cogiendo forma de antorcha... Un fenómeno que la tradición menciona bajo el consulado de G. Octavio y C. Scribonio y del cual fueron testigos el procónsul Silanio y todo su séquito».

Y en el capítulo XXXVI dice: «Se han visto también estrellas que se movían en todas direcciones, sin que soplase viento ninguno, durante el consulado de L. Valerio y G. Mario..., y se vio un escudo ardiente que lanzaba chispas al atravesar el cielo al ponerse el Sol».

En el capítulo LVII nos dice una cosa muy curiosa, que si bien a muchos escépticos los convencerá de la infantilidad e inverosimilitud de todas estas «leyendas», a quienes han seguido un poco de cerca las manifestaciones actuales de los visitantes extraterrestres les hará sospechar que el viejo historiador y naturalista romano no afirma las cosas tan a la ligera. Después de haber hablado de otros fenómenos extraños, dice: «Lluvia de hierro en Lucania. Los cuerpos que cayeron del cielo tenían el aspecto de esponjas de hierro... Bajo el consulado de L. Paulo y C. Marcello, en la región de Conza hubo una lluvia de lana...». Por raro que parezca, estas «lluvias», y en particular de cuerpos extraños filamentosos, son bastante frecuentes en las actuales manifestaciones de los ovnis.

Podríamos citar unas cuantas, bien documentadas, acaecidas en Europa y América, pero las omitiremos por no hacer demasiado farragoso este capítulo. Por supuesto que los cuerpos no son precisamente ni hierro ni lana, pero se explica perfectamente que el historiador recurriese a esta comparación, máxime si entonces ocurría como ahora, que tras un breve espacio de tiempo se volatilizan, sin que haya tiempo de analizarlos ni muchas veces de recogerlos.

Espectáculos semejantes a los que nos narra Plinio narra Séneca en el primer libro de sus *Questiones Naturales*. Lo mismo podemos decir de Dion Casio, Varrón, Plutarco en el capítulo LXVIII y Suetonio en el LXXXVIII sus respectivas *Vidas de César*, y de los menos conocidos Elio Lampridio en su *Vida de Commodo* y del historiador griego, residente en Roma, Herodiano, del que sabemos que era muy objetivo y amigo de averiguar personalmente los hechos que narraba. En su *Historia del Imperio después de Marco Aurelio* leemos, entre otras cosas: «... muchos prodigios se vieron en este tiempo; se veían a menudo, y en pleno día, estrellas suspendidas en medio del aire...» (Libro I). El historiador Julio Obsequente (siglos III-IV d.C.) ofrece datos muy concretos acerca de hechos semejantes en su *Libro de los prodigios.*

En la obra de Tito Livio (59 a.C.- 17 d.C.), además de muchas visiones en el cielo narradas en su monumental obra, encontramos un curioso fenómeno acaecido el año 217 antes de Cristo en la localidad italiana de Falerii Veteres —hoy llamada Civita Castellana, en la provincia de Viterbo— por el parecido que tiene con el famoso milagro de Fátima y con otros hechos similares en la historia de las apariciones. Leemos de Tito Livio: «... el cielo pareció abrirse como en una gran hendidura y a través de aquella abertura apareció una gran luz resplandeciente». El parecido, por un lado, se acrecienta, y por otro lado se disminuye con lo que a continuación nos cuenta de la aparición de unos seres que tenían muy poco de terrestres. Tres años antes, según el mismo historiador, «se vio en Adria un altar en el cielo y junto a él aparecieron formas humanas en hábitos blancos». En otra parte nos habla de «objetos similares a escudos redondos que giraban a gran altura». Se ve que no hay nada nuevo bajo el sol.

Queremos hacer, por último, una breve referencia a una moneda mandada acuñar por el emperador romano Helvius Pertinax, sucesor de Cómodo, en la cual aparece una efigie femenina, probablemente una de las diosas menores, que alza la mano hacia un objeto redondo y con antenas que tiene un parecido sorprendente con algunos de nuestros satélites artificiales... o con alguno de los globos misteriosos que entonces, como ahora, aparecían y desaparecían en los cielos ante la mirada curiosa y atónita de la gente. La inscripción contribuye a hacer la moneda más intrigante: «*Providentia Deomm*» («La providencia de los dioses»). ¿Vertía el emperador Pertinax una clara implicación religiosa en la aparición de objetos volantes sin identificar? En ese caso hubiese sido un buen lector de este libro.

Por todos estos datos podemos ver que las historias profanas no escasean tanto en datos sobre los ovnis en la antigüedad como muchos piensan. Son frecuentemente meras notas de paso en las que el cronista deja constancia de su pasmo ante fenómenos que no comprende y que las más de las veces no osa explicar.

No sucede lo mismo con las referencias no menos abundantes que tenemos en las historias sagradas. Por la índole de tales textos es natural que el escritor tienda siempre a darles un significado religioso a todos los hechos relatados y con mayor razón si estos no tienen una explicación racional conocida. Lógicamente le achacarán a Dios todo aquello que redunde en «bien», y a las fuerzas enemigas de la religión todo lo que redunde en «mal» o que no venga a reforzar su tesis religiosa. Por esta misma razón es de esperar que la misma narración del fenómeno se «glorifique» y se usen palabras más de acuerdo con la majestad de Dios o del ser personificado por la «aparición».

No queremos alargar un capítulo que empezamos únicamente con el deseo de decirles a nuestros lectores que el hecho de ver vehículos extraños en los cielos no es cosa de ahora. Únicamente de una manera genérica añadiremos que las referencias de vehículos espaciales en los libros sagrados de otras religiones —la mayoría de ellos anteriores a la Biblia— y en epopeyas antiquísimas de los pueblos orientales en las que lo humano y lo divino son inseparables, las alusiones explícitas a los «vimana», «vehículos del cielo», «pájaros de fuego», «carros del sol», etc., son abundantísimas. Sería demasiado largo, y nos saldríamos del objeto principal de este libro, traer aquí citas textuales del Mahabharata, el Ghal Sudar («Libro del Fuego»), el Mausola Parvam, el Mahavira de Bhavabhonti, los Vedas, el Drona Parva, la gran epopeya Ramayana, el Samar, el Panchatantra, la compilación de crónicas en sánscrito Samarangana Sutradhara, etc. Otros autores, entre los que se destaca el inglés Raymond Drake, han publicado libros tratando específicamente este tema.

Todos estos antiquísimos escritos —alguno de los cuales, como el Mahabharata, tienen por lo menos cinco mil años de antigüedad— contienen alusiones claras a ovnis, que en algunos casos ocupan páginas enteras y en otros llegan a darnos pormenores de sus diversas formas y fines, como en los Vedas, o de su misma fabricación, tal como acontece en este párrafo del Ramayana:

> Las máquinas voladoras vimana tenían forma de esfera y navegaban en el aire por efecto del mercurio que suscitaba un fuerte viento propulsor. Los hombres que iban en el vimana podían así recorrer grandes distancias en un tiempo maravillosamente breve. Los vimanas se conducían conforme a la voluntad del piloto, volando de abajo arriba, hacia adelante o hacia atrás, según la disposición del motor y su inclinación.

Algunos autores han hecho notar la extraña forma de coronar sus torres muchos templos orientales. En lo alto de muchas de ellas puede verse claramente algo que parece una reproducción de un platillo volante de no pequeñas dimensiones. La dificultad de construcción que esto entraña, lógicamente nos hace pensar que no escogían al azar tal detalle arquitectónico. Y podemos añadir que el típico bulbo del arte bizantino y eslavo quizá no sea más que un vimana deformado con el paso de los siglos.

De Japón conocemos ya visiones de objetos volantes en los siglos IX y VI a.C. reseñadas en el Nihongi. En esta crónica reescrita por el emperador Kami Yamato Iharo, y que cubre varios siglos de la historia del antiguo Japón, se van detallando con toda exactitud el día, el mes y el año en que se vieron en los cielos cosas extrañas, aunque el cronista lo narra todo en términos astronómicos y no cae en detalles tan precisos como los de los autores indios. Sin embargo, a veces dice cosas tan interesantes y significativas como cuando a uno de estos cuerpos celestes, visto en el año 667 a.C., le llama «el oscilante navío celeste»[9].

De China se puede decir algo por el estilo. Y en el Tíbet, en sus bibliotecas, desconocidas casi en su totalidad por los occidentales, se conservan infinidad de referencias a los visitantes extraterrestres desde hace muchos milenios. En concreto, en los libros Kantjua y Tantjua se habla detalladamente de los visitantes y a sus vehículos se les denomina «perlas celestes».

Hagamos por último una breve referencia al subcontinente de los ovnis, Sudamérica. El Popol Vuh —la «Biblia» maya—, aunque hablando en general un lenguaje profundo y sibilino, no puede ser más explícito cuando dice: «Hombres blancos venidos de las estrellas lo conocían todo y examinaron los cuatro puntos del cielo y la faz redonda de la Tierra». Y todavía es más explícito el Chilam Balam centroamericano cuando dice: «Seres bajados del cielo en naves volantes..., hombres blancos que vuelan en aros [discos] y pueden tocar las estrellas». En cuanto a las culturas preincaicas, tan misteriosas y tan extensas, sería absurdo querer aportar ningún documento, ya que toda la zona de los Andes —y la misma Antártida— es un auténtico y formidable museo, apenas explorado, de los increíbles restos que nos han quedado de seres extraños que vivieron en aquellas tierras hace decenas, si no centenares de miles de años. Pero de esto trataremos más explícitamente en el siguiente capítulo.

9 Es sabido que muy frecuentemente los ovnis se mantienen en el aire y avanzan con un balanceo u oscilación característicos.

5
ANTEPREHISTORIA DE LA HUMANIDAD

Sucede con la prehistoria de la humanidad algo parecido a lo que ha sucedido con la religión y las ciencias: un exceso de dogmatismo y una falta de modestia y prudencia por parte de aquellos que monopolizaban estas ramas del saber ha hecho caer en graves errores a la humanidad y en algunas ocasiones ha sido culpable del retraso de siglos en la consecución de ciertas metas, totalmente necesarias para el avance de la civilización.

En la cultura de Occidente, después de haber superado las cadenas bíblicas en lo relativo a los orígenes de la raza humana, caímos durante bastantes décadas bajo el dogmatismo de ciertos científicos que, tras haber inventado hipótesis tras hipótesis —todas ellas «definitivas»—, poco a poco se fueron desprestigiando unos a otros. Con restos de maxilares se «crearon» hombres enteros y por falta de restos se hizo desaparecer tranquilamente al hombre de determinados continentes o épocas. Se buscaron febrilmente —y aún algunos siguen buscándolos— los anillos perdidos entre el hombre de Cromañón y el último mono irracional. La Biblia contaba por miles. Más tarde, los «sabios» contaron por cientos de miles, hasta que mister Leaky, escarbando en el corte de Olduvai y Johannes Huerzeler —el paleontólogo suizo—, nos han convencido de que tenemos que contar por millones si queremos hallarle alguna solución al rompecabezas de los humanoides. Pero

¿cuántos millones? No sabemos ni nos interesa directamente en este libro. Sí sabemos que todo el asunto es complejísimo y que a medida que pasan los años y se profundiza en las investigaciones nos alejamos más de las soluciones simplistas y dogmáticas, sean estas las que nos presentan una sola pareja de seres humanos perfectos en los que intervino directamente la mano de Dios, sean las de los que quieren hacernos descender, por una evolución directa e ininterrumpida, de antepasados más o menos simiescos.

Por lo que vamos descubriendo, las cosas no son tan sencillas. En los orígenes de la raza humana parece que entran en juego otros factores que hasta ahora habían sido ignorados por los investigadores, por considerarlos demasiado fantásticos.

En primer lugar, nadie niega hoy el factor evolución. Sin embargo, aquel árbol genealógico que hace solo unos años era como un dogma científico (simio-australopiteco-pitecantropo-hombre premusteriense-homo sapiens), está reducido a pedazos. Cada nuevo hallazgo es un problema más, o, si se prefiere, es una rama más que le nace a este árbol, del que ya no sabemos cuántas ramas tiene y del que algunos antropólogos se preguntan si las ramas no serán las que están abajo y las raíces las que están arriba. En Olduvai (Tanzania), en los mismos estratos en que se han encontrado huesos de australopitecos, se han encontrado mandíbulas y cráneos de hombres muy similares a nosotros y que se remontan a una edad cercana al medio millón de años. Y aquí no hay lugar a dudas: los 650 centímetros cúbicos de cavidad craneana del primero están más que duplicados por el segundo.

En América, en el cañón de Santa María de los Montes Bronco, habitaron hace un millón de años unos hombres que ya criaban ganado, fabricaban armas y herramientas y practicaban ritos funerarios, a juzgar por los restos que nos han dejado. En el congreso de prehistoria celebrado en Roma en 1962, el doctor W. Matthes presentó «las más antiguas estatuas del mundo». Sin duda alguna, fueron hechas hace por lo menos doscientos mil años. Y algo más asombroso: han sido hallados objetos que tienen todas las características de haber sido fabricados por el hombre —o al menos por un ser inteligente— en estratos que pertenecen a la era terciaria y secundaria. ¿Quién los puso allí? Huerzeler descubrió en una mina de carbón de Italia, a doscientos metros de profundidad, esqueletos de seres en todo semejantes al hombre de hoy, que vivieron, a juzgar por los estratos en que estaban fosilizados, ¡hace quince millones de años! Todos estos hallazgos, y muchísimos más, que están constantemente registrándose, han convertido los orígenes del hombre en un verdadero rompecabezas.

Ante esto, lo menos que podemos decir es que a Adán le salieron unos hijos muy desiguales. Y eso es lo que comienzan a decir antropólogos de la talla del doctor Coon. En su obra *The Origin of Races* («el origen de las razas») hace afirmaciones muy valientes que dicen mucho de su independencia de criterio. Se puede resumir su pensamiento en este particular diciendo que ya ni siquiera el *Homo sapiens* puede ser el antepasado común del hombre actual. Este término significaría más bien el punto o el momento en que diversas ramas provenientes independientemente de diversos troncos del *Homo erectus* alcanzaron la madurez racional.

Pero vayamos a la otra corriente, que vemos influir misteriosamente, y siempre como desde las sombras en la evolución, tanto somática como intelectual, del hombre a lo largo de los siglos. El panorama que nos ofrece el hombre normal europeo, por ejemplo, de hace unos diez o veinte mil años, tal como nos lo ha presentado la prehistoria clásica, no es muy halagüeño: hombres medio desnudos, de los cuales buena parte vivía todavía en cavernas, con toscos instrumentos y armas y que distaba muchísimo de haber desarrollado una cultura avanzada; a lo más, podemos imaginárnoslo asentado en míseras chozas, comenzando una rudimentaria agricultura y esbozando en su clan unas primitivas normas de convivencia social. Y, sin embargo, por entonces ya tenían milenios algunas civilizaciones refinadas en el cercano Oriente que hoy nos dejan pasmados por sus adelantos.

¿Por qué estas enormes diferencias a tan corta distancia? Y ¿cómo explicarse otro hecho extraño que vemos repetirse en la prehistoria humana? Nos referimos a pueblos que de repente adquieren en algunas ramas del saber conocimientos comparables a los nuestros, y siglos más tarde los vemos sumidos de nuevo en la barbarie o estancados definitivamente en su desarrollo cultural ¿Por qué algunos de estos pueblos desarrollaron tan grandes conocimientos, totalmente desproporcionados con su nivel de cultura y con sus exigencias de vida diaria? O, como se cuestiona un historiador, ¿por qué lo sabían todo acerca de una ciencia y absolutamente nada acerca de las demás?

Al llegar a este punto es cuando quisiéramos que el lector, que probablemente no ha tenido mucho tiempo de investigar estas cuestiones, hiciese un acto de fe en lo que decimos y creyese que los datos históricos de todo tipo en relación con lo que venimos diciendo son tantísimos y de tal naturaleza que no le dejan a uno lugar a dudas de que en el desarrollo de la especie humana han intervenido factores racionales extraños al hombre mismo.

Si la documentación escrita en este punto particular que tratamos no es todo lo abundante que quisiéramos, en cambio, las obras —los restos, las edificaciones, las ruinas, los instrumentos— que nos han quedado son los testigos mudos, pero convincentes e irrefutables, de un pasado insospechado hasta hace pocos años. Una vez más se repite el hecho de una idea revolucionaria llena de fuerza impulsora que se encuentra de frente con la religión y la ciencia oficiales, estáticas, rutinarias y monopolizadoras del saber.

Confesamos que al querer tratar este tema nos entra desaliento, porque es tan poco el espacio que le podemos dedicar, y, por otro lado, es tantísimo lo que quisiéramos decir, que nos parece que es completamente desproporcionado lo que aquí podamos exponer. Por ello, una vez más instamos al lector a que investigue por su cuenta en toda esta fascinante anteprehistoria de la humanidad. Le prometemos que, a poco que se interese por estas materias, encontrará, tal como nos ocurrió a nosotros, todo un mundo maravilloso e increíble que no tiene nada que ver con la tosca prehistoria que nos enseñaron hace años en los colegios y universidades. Es cierto que hay una prehistoria tal como nos la describieron, pero, aparte de ella, hay una anteprehistoria de la que entonces no sabían nada los catedráticos y que hoy, como niños sorprendidos en la escuela sin saber la lección, se niegan a aceptar, porque ello sería admitir su fallo de hace pocos años.

¿Qué obras son esas a las que damos tanta importancia? No vamos a hacer aquí una lista para que el lector juzgue como juez si le convencen o no le convencen —aunque a veces hemos estado tentados de hacerlo—, sino que daremos únicamente algunas muestras de entre las muchas que cada día están apareciendo. Estas obras o hechos constatables y mensurables, que tanto necesitan algunos espíritus ciegos, varían desde pequeños instrumentos —que no tienen explicación ninguna según las teorías clásicas y que, por otra parte, dicen un mundo de cosas a los que entienden un poco— hasta obras colosales que hoy son impracticables para nosotros, a pesar de contar con medios que creemos superan con mucho a aquellos de los tiempos prehistóricos.

Nos consta con absoluta seguridad y certeza —porque se han encontrado objetos— que, en tiempos que nosotros llamamos prehistóricos, diversos pueblos del mundo conocían y fabricaban utensilios de acero, de aluminio —el proceso para separarlo de la bauxita es complicadísimo— y de platino, que funde a los 1775 grados. En el Museo de Irak, en Bagdad, y en el British Museum, en Londres, hay dos ejemplares distintos de pilas eléctricas que estuvieron en uso miles de años antes de Jesucristo. Una de ellas estaba catalogada en el museo como «objeto de culto».

Otro tipo de objeto innegable son los mapas celestes y terrestres. Tenemos el famoso de Piri Reis, que aunque no sepamos a ciencia cierta cuántos siglos tiene, sí sabemos que reproduce exactamente los contornos de la Antártida, desde hace muchos miles de años invisibles. Nosotros, solo muy recientemente y gracias a modernos métodos, hemos podido conocerlos. Otro mapa, esta vez celeste, fue hallado en las cuevas de Bohistán. El mapa, comprobado por astrónomos, tiene trece mil años de antigüedad. Sabemos de mapas por el estilo sumerios, egipcios y del centro de Siberia. Los soviéticos han hallado recientemente en Egipto lentes perfectas fabricadas muchos miles de años antes de Cristo mediante un proceso que nos es totalmente desconocido, a no ser que admitamos que los egipcios conocían y usaban perfectamente la electricidad. Las mismas lentes se han encontrado en Australia y en Irak.

Un hecho no material, pero de una realidad inexplicable, es el increíble conocimiento que muchos pueblos de la antigüedad tenían de las cosas del cielo. Todo lo que de este particular se diga será siempre un pálido reflejo de la realidad. Mientras pueblos como los mayas desconocían o no hacían uso de algo tan importante y fundamental en nuestra civilización como es la rueda y los instrumentos metálicos, sin embargo nos han dejado un calendario prodigioso en el que hacen alarde de sus increíbles conocimientos matemáticos y astronómicos. ¿Por qué, una vez más, este afán de conocer las cosas que se relacionan con el firmamento, que son tan secundarias en comparación con las que les atañen a ellos en sus vidas diarias? ¿Y cómo lograron los asirios hace quince mil años calcular matemáticamente los eclipses lunares? ¿Por qué los sumerios conocían los planetas de varias estrellas, cosa que nosotros no hemos podido descubrir hasta ahora? ¿O lo catalogaremos como «fantasía» o «leyenda» hasta que por fin logremos descubrir nosotros tardíamente que la realidad es así, tal como ha ocurrido ya?

Las interrelaciones cosmogónicas, lingüísticas —grafico fonéticas—, artísticas, arquitectónicas, religiosas y raciales entre todos los continentes del mundo son mucho mayores de lo que se había sospechado hasta no hace muchos años y cada día se suman nuevas pruebas para convencernos de esta reveladora realidad: Noé y el diluvio —a veces hasta con la paloma— aparecen en bastantes tradiciones de religiones y culturas primitivas; encontramos cóndores pintados en las pirámides de Egipto; vemos que la escritura de los olmecas de Centroamérica tienen un origen común con la primitiva cretense; descubrimos en la fonética maya unos parecidos curiosísimos con el arameo. ¿Cómo es posible? ¿Por qué en el mundo entero, en los monumentos más primitivos, cuyo origen se desconoce, han aparecido —y siguen apareciendo cada vez más— hombres con extraños cascos en la cabeza y con vestidos que se asemejan tanto a los de nuestros astronautas? No hace mucho le presentamos a un niño una fotografía de una estatuilla de Quetzalcoatl, el dios-rey azteca «que vino del cielo». A nuestra pregunta sobre quién creía que era aquel señor, nos contestó sin titubeos: «Un astronauta». Su vestimenta, ligerísimamente idealizada, no deja lugar a dudas[10].

Todo lo que llevamos dicho no son sino pequeñas y débiles huellas que poco a poco nos van poniendo en la pista de la gran realidad. Pero las huellas se hacen más visibles hasta hacerse colosales, innegables, desafiantes a la ceguera de los rutinarios en Zimbabwe, Keops, Sacsahuamán y Baalbek.

10 En la localidad de Toro Muerto (Perú) se han encontrado recientemente petroglifos en los que aparecen más seres voladores con casco que en ningún otro lugar del planeta.

Imposible entrar en detalles que nos llevarían muy lejos del fin de nuestro libro y que, por otra parte, constan en libros bien documentados. Únicamente diremos a nuestros lectores que cada una de estas cuatro palabras es como un libro abierto, por muy viejo que sea, para todo aquel que no quiera tener empecinadamente cerrados los ojos.

La pirámide de Keops —que, a pesar de ser el monumento mejor conocido de la antigüedad, dista todavía muchísimo de habernos dicho todos los secretos que encierra— es hoy «incopiable» por nosotros, según un gran constructor estadounidense. Sencillamente, no podríamos volver a hacer una semejante, por muchas razones.

¿Quién les enseñó a los ignotos constructores de Baalbek a cortar en las canteras, transportar y colocar ajustadamente en sus ciclópeos muros bloques que pesan 500 toneladas? ¿Serían los mismos que les enseñaron a los antepasados de los incas en Sacsahuamán a mover y labrar extrañísimamente una ingente piedra que pesa alrededor de 20 millones de kilos, y otras dos por el estilo, una en Chuquiyuri y otra la famosa Hadjar el Hibla, en el Líbano?

Si seguimos estas huellas en busca del misterioso pasado del ser humano, llegaremos a la catedral de la anteprehistoria: Tiahuanaco (Bolivia). Se trata de una increíble ciudad a casi 4000 metros de altura, en las inmediaciones del lago Titicaca y construida por no sabemos quién, probablemente miles de años antes de que los trogloditas de Altamira (España) pintasen sus bisontes en las paredes de la cueva. Aunque la insipiencia y el salvajismo humano usasen hace años a Tiahuanaco como cantera, destrozando a fuerza de dinamita aquellos ingentes bloques que posiblemente guardaban la clave de muchas incógnitas, todavía lo que queda es para estremecer el ánimo.

Una vez más, la «ciencia oficial», molesta ante la presencia de algo que no encaja en sus teorías, cometió la ridiculez de asignarle tres mil años de antigüedad. Los grandes arqueólogos se hallan completamente perdidos en cuanto a su origen. Parece que se van poniendo de acuerdo en asignarle un mínimo de veinte mil años. Uno le ha asignado setenta mil años y otro se ha arriesgado a atribuirle doscientos cincuenta mil (¡!). Lo cierto es que Tiahuanaco sigue siendo un auténtico desafío a todos los arqueólogos del mundo, aunque sinceramente dudamos que la arqueología pueda llegar nunca a decirnos algo seguro sobre sus orígenes. Son más bien los geólogos los que tienen la palabra y tendrán que empezar por decirnos por qué y cómo una ciudad que un día fue puerto de mar se halla hoy a 4000 metros de altura.

En el capítulo de hechos de la anteprehistoria, hasta ahora oficialmente ignorados y que esperan una solución, o por lo menos un estudio a fondo, se hallan las ciudades «vitrificadas». Es sabido que cuando la tierra y las rocas son sometidas a elevadísimas temperaturas, la materia orgánica en ellas contenida se volatiliza, pero el resto de la materia inorgánica, compuesta sobre todo por silicatos, sufre un proceso de vitrificación. No cualquier temperatura es capaz de producir semejante proceso, y, por norma general, ni siquiera las erupciones volcánicas tienen poder para producirlo.

En el desierto de Nevada (EE. UU.) y en el atolón de Bikini (Islas Marshall) sabemos que el terreno sometido directamente a la acción de las bombas atómicas mostró estas típicas características, que todavía hoy pueden apreciarse. Pues bien, exactamente estas mismas formaciones vítreas aparecen en ciertos puntos estratégicos de la anteprehistoria: en los lugares donde, según la tradición —basada en la Biblia—, estaban situadas las ciudades de Sodoma y Gomorra, destruidas por «fuego bajado del cielo»; en una vasta zona de la Tunguska siberiana, en donde en 1908 hubo una explosión de tipo atómico de origen completamente desconocido según el parecer de varios científicos soviéticos, entre los cuales el físico-matemático Michail Agrest; en los restos de una gran ciudad situada en lo que hoy es el desierto de Gobi, en donde se ha comprobado que en la anteprehistoria floreció una avanzadísima civilización que tuvo gran influencia en toda Asia; en las calcinadas ruinas de origen remotísimo del Valle de la Muerte, en California. (En las tradiciones de los indios no hay nada que pueda servir de ayuda, como no sea su ancestral e incomprendido terror hacia aquellos lugares).

Todavía podría citar varios sitios más que se caracterizan por la acumulación de esta arena vitrificada, con la particularidad de que en todos estos lugares, por lo general hoy desérticos, hay historias, verbales o escritas, de haber gozado en tiempos remotísimos de civilizaciones muy avanzadas.

En relación con el fin calcinado de estas ciudades, y a título de curiosidad, nos limitamos a copiar al pie de la letra algún párrafo del *Mausola Parva*, con la advertencia de que podríamos citar bastantes más de todas las antiquísimas epopeyas e historias de la India:

> Fue un arma desconocida, un fulgor de hierro, un gigantesco mensajero de muerte que redujo a cenizas a todos los pertenecientes a la raza de vrishnis y de los andhakas. Los cadáveres abrasados eran irreconocibles, peto y uñas se desprendían; la vajilla se rompía sin causa aparente; los pájaros se volvían blancos. En el transcurso de algunas horas todos los alimentos se volvieron nocivos [...] un humo blanquecino y reluciente, semejante a diez mil soles, se levantó con infinito fulgor y envolvió la ciudad en cenizas.

¿Sería demasiado audaz que se atreviese a ver en estos párrafos, varias veces milenarios, una exacta descripción de la bomba atómica de hoy?

He aquí otro hecho innegable, inexplicable, de proporciones gigantescas, y no menos desafiante, que dista mucho de teorías, de leyendas y de la pequeñez de un objeto; un hecho que tiene nada menos que treinta kilómetros de largo: los dibujos del valle de Nazca, en Perú. Ahí han estado por no se sabe cuántos miles de años, sin que nadie cayese en la cuenta de ellos precisamente por eso porque son demasiado grandes. Hizo falta que un avión sobrevolase accidentalmente la zona hace unos años para que se cayese en la cuenta de que los famosos «canales indios» no eran tales. ¿Cuándo, quiénes, cómo y para qué se hicieron esas perfectas franjas rectas que se extienden por kilómetros?

Cada una de estas preguntas es un enigma. Lo que no es un enigma es que las colosales figuras fueron hechas para ser vistas y para servir a algún propósito únicamente a quienes las vean desde el aire, porque desde el suelo no solo no tienen perspectiva, sino que ni siquiera puede caer uno en la cuenta de que algunos de aquellos «canales» tortuosos y sin sentido son los trazos kilométricos del dibujo de un extraño pájaro y de una araña que desde gran altura se puede catalogar como de un diseño perfecto. Las más antiguas tradiciones no solo no tenían explicación para aquello, sino que simplemente desconocían que aquellos «canales» secos fuesen los trazos de un enorme dibujo. Recientemente se han hecho hipótesis sobre posibles campos de aterrizaje o o puntos de referencia para ser vistos por navegantes espaciales... Nadie lo sabe.

Como nadie sabe quién y para qué se edificó esa colosal muralla peruana, comparable, si no superior, a la de China, que desciende a simas y se trepa a picachos casi inaccesibles. Ni nadie sabe cómo, quién, ni para qué se trazó esa ancha y misteriosa franja negra que se extiende perfecta e ininterrumpidamente a lo largo de extensas zonas de la cordillera de los Andes. Ni los geólogos se explican el porqué ni el cómo de esos colosales cortes artificiales, perfectos y geométricos, practicados en la roca en la cima de algunas montañas —cada vez se van encontrando más—, que dan lugar a unas curiosas plataformas perfectamente planas y prácticamente inaccesibles.

Por último, otro hecho colosal e innegable: las enormes esculturas de Marcahuasi, en Perú. En una región inhóspita y bastante elevada, gigantescas esculturas de animales hace milenios desaparecidos de América. Más que esculturas, se puede decir que sus autores esculpían las cimas de las montañas, convirtiendo aquellos macizos rocosos en gigantescos museos al aire libre.

Si leyésemos sin prejuicios los documentos pétreos que corresponden en el tiempo a estos hechos y que se encuentran diseminados en todos los pueblos y en todas las latitudes del globo, puede ser que encontrásemos una contestación obvia a todas estas cosas tan extrañas y tan sin sentido para nosotros. Su resumen podría ser estas palabras extraídas del Popol Vuh:

> Dioses que vinieron de las estrellas en carros de fuego y que nos enseñaron todas las cosas.

Segunda Parte

... LOS DOGMAS VUELAN

6
TRASCENDENCIA RELIGIOSA DEL FENÓMENO OVNI

Muchas pueden ser las reacciones religiosas ante el fenómeno ovni. Naturalmente, la primera y más simple es la de negar toda relación entre él y lo religioso. Tal afirmación puede provenir, en el fondo, de la falta de convicción total acerca de la existencia del fenómeno. Por eso insistimos tanto en la primera parte de este libro en que la convicción de la existencia real del fenómeno ovni era absolutamente necesaria para la comprensión del problema en toda su dimensión.

Otra reacción consistiría en afirmar que si bien hay alguna relación, esta no supone nada fundamental para la religión —la cristiana en concreto—, la cual puede admitir perfectamente la existencia de otros seres inteligentes en el espacio con tal de que a estos seres los supongamos también criaturas de nuestro mismo Dios. Pero la cosa no sería tan simple.

Profundizando un poco, inmediatamente aparecerían problemas como el de la «redención», según la concibe el cristianismo. De hecho, vemos que varios sacerdotes católicos interesados en el fenómeno ovni, y preguntados por la relación que ellos veían entre este y la religión, acusaban enseguida la dificultad que a primera vista se presentaba en lo referente a la «redención».

El año 1977, alrededor de siete años después de haber aparecido mi libro *Extraterrestres y creencias religiosas*, un sacerdote sevillano, el padre López Guerrero, publicó un libro titulado

Mirando a la lejanía del universo, con el que pretende probar, basado en peregrinos argumentos, que nuestro planeta es prácticamente el centro del universo debido al hecho de que el Hijo de Dios se encarnó entre nosotros.

Yo discrepo radicalmente de esta opinión, pero aun discrepando de él, veo la gran trascendencia religiosa que él le concede al fenómeno ovni, siendo en esto mucho más lógico que otros teólogos profesionales que no son capaces de descubrir esta trascendencia.

Cristo, según la teología cristiana, nos redimió, es decir, nos liberó de algo que nos aprisionaba, nos elevó de la condición de esclavos a la condición de ciudadanos libres en el reino del espíritu, y esto lo hizo con la entrega de su vida por nosotros.

Pues bien, según dicen algunos sacerdotes católicos, el sacrificio de nuestro Cristo sería suficiente para redimir a cualquier ser del universo. Al afirmar esto se basan en muchos argumentos que pueden encontrar en los conceptuosos y enrevesados tratados que los teólogos cristianos han ido elaborando a lo largo de los siglos alrededor de la «redención». Tal aserto, para nosotros, no tiene sentido. Otros eluden esta dificultad afirmando que al no ser reos los extraterrestres del «pecado original», no tienen necesidad, por tanto, de la redención de Cristo.

Lo que sí podemos ir deduciendo ya con claridad es que de ninguna manera la presencia entre nosotros de seres inteligentes de otros planetas será un hecho sin consecuencias para las creencias religiosas de los terrestres, por más que los teólogos de las respectivas religiones quieran seguir ignorándolo o se esfuercen por mantener a sus fieles sumidos en la cantidad de alambicamientos y semiverdades en que abundan, unas más que otras, todas las religiones de nuestro planeta. Sin embargo, no creemos que las altas jerarquías de las diferentes Iglesias descarguen sus rayos condenatorios contra los que se atrevan a aventurar teorías, aunque estas rocen el terreno sagrado del dogma.

Cuando en el siglo XVII la jerarquía católica lanzó su equivocada condena contra Galileo Galilei, estaba metiéndose en un terreno que no era de su competencia. No se puede negar que aquella lección fue muy bien aprendida por los jerarcas romanos y desde entonces han sido mucho más cautos en lanzar anatemas sobre ningún asunto científico. Aguantan la piedra, como el loco de marras del que nos habla Cervantes: «¡Guarda, que es podenco!».

Pero, por otra parte, ante la fenomenal realidad de la aparición entre nosotros de habitantes de otros mundos, y ante las perturbadoras consecuencias en el terreno religioso y dogmático que esto puede acarrear, el silencio de esta misma jerarquía se nos hace un poco sospechoso. Si en el siglo XVI pecó por hablar demasiado, en el siglo XX peca por no hablar en absoluto. Sin embargo, al no tener nada que decir, creemos que tiene sobrada razón para permanecer callada.

Muchas enseñanzas tradicionales, y aun la idea fundamental de lo que se llama «la economía de la salvación», y el mismo concepto de Dios, tendrían que ser sometidos a una nueva revisión que los haría aparecer no muy de acuerdo con las enseñanzas y concepciones de tiempos pasados. Por otra parte, el magisterio de la Iglesia católica y los doctrinarios de la mayor parte de las religiones han defendido con demasiado énfasis la «inmutabilidad» de dogmas y creencias y hasta han inventado excomuniones y hogueras para quienes osaron dudar o proponer concepciones un poco más de acuerdo con los tiempos[11] .

11 Dice el padre Feijoo, según C. Murciano, en el apéndice de su libro, ya citado, que el papa san Zacarías (siglo VIII) mandó nada menos que expulsar de la Iglesia a un sacerdote llamado Virgilio por defender la existencia de otros mundos habitados (¡!). Y en el corazón de la vieja Roma, en el Campo de' Fiori, descubrimos un día por azar la imponente estatua de Giordano Bruno. «*Qui ove il rogo arse*», reza el pedestal: «Aquí donde ardió la hoguera». Allí lo quemaron los representantes del «manso y humilde de corazón» por haberse revelado contra el aristotelismo y haber defendido entre otras ideas geniales la de que era imposible que este mundo fuese el centro del universo.

Pongamos por ejemplo el concepto de «pecado original». Hace ya algún tiempo que está padeciendo los asaltos de los teólogos de avanzada —prescindiendo estos por completo del fenómeno ovni—, e indudablemente se verá sacudido con más violencia en cuanto los teólogos profesionales se cercioren de la realidad de otros seres pensantes no nacidos en la Tierra. El día en que estos decidan mezclarse con nosotros, los teólogos tendrán que meterse a biomatemáticos y calcular en qué proporción los descendientes de ambos serán reos del pecado original, de acuerdo a la cantidad de sangre humana que corra por sus venas. De la misma manera, tendrán que explicarnos con más exactitud y seriedad en qué consiste tal pecado, por qué es algo «personal» a todos los terrícolas y por qué otros seres del universo probablemente no saben nada de él.

Nosotros no negamos que no haya algo que *a natura* anda mal en el espíritu de la raza humana. Habría que estar ciego para no ver en el espíritu humano una profunda raíz de mal. El caótico estado en el que actualmente se encuentra el mundo, la misma ceguera que para ver tal estado de cosas aqueja a muchos de los dirigentes, el espíritu de violencia que, más o menos soterrado, anida en el alma de todos los hombres, son datos que nos hacen sospechar que algo anda radicalmente mal en el espíritu humano. Pero, por otro lado, estamos muy lejos de admitir las infantilidades con que las grandes religiones nos quieren explicar este universal fenómeno.

La religión nos habla del Más Allá. En ciertos sectores y en ciertas épocas del cristianismo se ha insistido demasiado en este Más Allá, desligándolo del *más acá*, del cual aquel dependía en buena parte. Es cierto que se trataba de un Más Allá espiritual y místico. Pero he aquí que —sin que de ello nos hubiese hablado para nada la teología oficial— de otro Más Allá físico empiezan a llegar seres mucho más avanzados e inteligentes que nosotros, que, a lo que parece, no tienen las mismas ideas que nuestros teólogos acerca del Más Allá. Ni parecen admitir los pasajes de la Biblia en los que se dice que todas las criaturas del universo fueron creadas para el ser humano, lo mismo que la Luna y las estrellas fueron creadas para que alumbrasen la noche de los terrícolas. Y, sobre todo —y en esto radica su gran trascendencia sobre nuestras creencias religiosas—, su sola presencia en nuestros cielos nos está haciendo despertar de nuestra ingenuidad de creer que nosotros somos los niños mimados del Creador, el centro del orbe, los pensadores del cosmos. Descubrimos de repente, aunque sea a regañadientes, que no somos más que unos rústicos aldeanos del universo, con una mente muy provinciana con la cual habíamos creído hasta ahora que el puente de nuestro río era el más largo del mundo y los edificios de nuestras calles eran los más elevados de la nación.

Por supuesto que los escrituristas cristianos ya hace tiempo que le habían encontrado soluciones un poco más modernas y aceptables a bastantes párrafos de la Biblia, soluciones de un primitivismo e ingenuidad hoy inadmisibles. Sin embargo, a pesar de todos estos remiendos, no solo en la Biblia, sino en toda la teología cristiana y en todas las creencias de las grandes religiones, se rezuma ese infantilismo y esa mente provinciana de la que hablábamos antes.

Y de paso nos preguntamos a qué «Más Allá» habrán ido a parar todos aquellos que en todas las religiones han sido anatematizados, apedreados, crucificados o quemados por no haber querido aceptar todas las creencias de la religión oficial. ¿Con qué derecho siguen algunas de ellas invocando todavía para sí el título de infalibles, después de haber cometido a lo largo de los siglos verdaderos crímenes precisamente en nombre de la ortodoxia y de la pureza de la doctrina? Qué profética y atinadamente dijo Jesucristo: «Día llegará en que el que os mate creer estar haciendo una obra agradable a Dios» (J. 16, 10).

Ante estos seres superinteligentes, venidos en unas fantásticas naves de un cosmos cuasi infinito, nuestra idea de Dios no puede menos de agrandarse inmensamente. Es innegable que la idea de Dios —no Dios mismo —es una creación de nuestra mente. El hombre ha proyectado siempre, en esta idea fundamental, todo su contenido de conciencia: sus complejos, sus miedos, sus odios, sus deseos reprimidos, sus ansias de superación y de bondad. Cuando el hombre primitivo oía el trueno y se sentía impotente, automáticamente proyectaba en aquel fragor todo su miedo y su mente creaba el dios del trueno. Entre el miedo del hombre y su pobre mente rebajaban a Dios; aquel dios tonante era un dios verdadero para el hombre primitivo, aunque distase infinitamente de la realidad.

Cuando siglos más tarde el hombre descubrió que detrás de aquel estruendo aterrador no había ningún dios, sino únicamente unas cargas eléctricas que le eran perfectamente conocidas, reconoció su error. El dios del trueno murió porque desapareció la errada idea que el hombre tenía del trueno, y en su lugar apareció otro dios más espiritual y más de acuerdo con la mente evolucionada del hombre moderno, pero que, sin embargo, dista todavía infinitamente de la absoluta realidad de Dios.

La idea que de este tienen muchas personas en la actualidad no es muy risueña que digamos: un Dios que no ve con muy buenos ojos las alegrías del ser humano, un Dios celoso en demasía de su propia honra, vengativo, coleccionador de agravios y, sobre todo, implacable castigador de los errores humanos. En varias de las grandes religiones se le achaca a Dios un sentido de justicia que es una verdadera injusticia para con Dios. Según ellas, este Dios tiene destinados para los semiconscientes habitantes de este planeta que no se sometan a sus confusas leyes unas penas eternas que sobrepasan con mucho la maldad de cuantos delitos podamos cometer los humanos.

Indudablemente, este Dios es otra pobre proyección de teólogos y jerarcas acomplejados, que, creyendo hacerle un bien a la causa de la religión, lo único que están haciendo es levantarle calumnias al Dios verdadero y desacreditar su verdadera causa. Este pobre Dios nuestro, quisquilloso y de corazón pequeño, está tan lejano de la realidad como lo estaba el dios del trueno del hombre primitivo. Es una deformación de la inmensa grandeza de Dios, fruto de la pequeñez de la mente del hombre.

Al ver surcar el espacio a fantásticas velocidades un vehículo extraespacial, al instante nos imaginamos que la idea que sus tripulantes tendrán del Gran Señor del Cosmos no es la misma raquítica y mezquina con la que nuestros teólogos, a pesar de llamarle Padre, nos han presentado a nuestro Dios justiciero. Estamos absolutamente seguros de que su Dios es nuestro Dios, pero también estamos seguros de que su Dios no es el Dios de nuestros teólogos, demasiado atado a absoluciones, ceremonias, unciones e indulgencias. Ante la aparición de estos seres muchísimo más adelantados que nosotros y, por lo tanto, con muchísimas más posibilidades de acción, descubrimos un Dios mucho más atento a la inimaginable y pluridimensional actividad del cosmos que a los balbuceos de nuestros teólogos, a la tosquedad de nuestros científicos o a la multitud de niñerías de esta hormiguita humana que se afana por sobrevivir cada día sobre este grano de arena perdido en el espacio infinito. Dios es el gran Pastor del Universo, que tiene una infinita comprensión y amor para estas criaturas suyas, algunas de las cuales —no se sabe por qué misterio— han nacido taradas y con mil imperfecciones de las que no tienen culpa alguna.

Abundando un poco más en el tema podemos decir que la aparición de estos seres extraterrestres tiene ya actualmente visos de ser —y lo será mucho más en el futuro, cuando su contacto con nosotros sea más concreto— una nueva revelación para la humanidad. Cuando todavía no habíamos asimilado bien el gran mensaje que Cristo nos dejó, el gran «dogma», el «signo» de ser de los suyos —el amor fraterno a todos los hombres de este mundo...—, he aquí que se nos presentan nuevos hermanos a los cuales tenemos que hacer extensivo ese amor que nos dejaron como gran mandato. El mandamiento grande de Cristo cobra una nueva dimensión cósmica, que al mismo tiempo nos hace despertar a la triste realidad de lo mal que lo hemos cumplido. La aparición entre nosotros de estos seres, ¿no será un sutil recordatorio de Él para que nos decidamos a amar a nuestros hermanos de la Tierra al ver que ya nos está enviando a otros hermanos de la gran familia del universo?

Viendo una de estas majestuosas naves inmóvil en el espacio —naturalmente, el que no haya visto tan maravilloso espectáculo tendrá siempre su semilla de duda y deberá usar la fe en sus hermanos que lo hayan visto, tal como la usamos en la religión— o contemplando por la noche los fantásticos espectáculos que producen con su incandescencia multicolor, uno no puede evitar imaginar cuál será su religión. Como que despierta de un largo sueño y sacude la modorra que le ha caído en el alma con las piadosas rutinas seculares que con los años se han ido haciendo connaturales; como que se sacude el yugo de los terrores sagrados impuestos por los dogmatistas al caer en la cuenta de que nuestra religión no es la única manera de acercarse a Dios, ya que otros muchísimos seres tienen también sus maneras de comunicarse con nuestro Dios. Y pecaríamos de infantilismo si creyésemos que en su manera de acercarse y tratar con nuestro Dios —el Dios del Universo— entran también todas nuestras ideas acerca de milagros, indulgencias, purgatorios, infalibilidades, sacramentos, infierno, eternidad, etc.

Todas estas cosas, y muchísimas otras que omitimos en favor de la brevedad, nos sugiere la sola presencia en nuestros cielos de seres inteligentes de otros astros. Fieles a lo que nos propusimos al comienzo del libro, no admitimos hoy testimonio ninguno, por más creíble que sea, de las muchas y dignas personas que conocemos que dicen haber estado en contacto con los tripulantes de estas naves. Nos basta verlas en el cielo y saber —como sabemos con toda certeza— que vienen tripuladas por seres racionales para que todas nuestras creencias religiosas sufran una sacudida, no precisamente de destrucción, sino de depuración de tanta escoria que quiere pasar por sagrada, cuando no es más que polvo sofisticado de milenios.

Si los teólogos oficiales del cristianismo, ante la presencia de estos visitantes, no son capaces de deducir tantas cosas como nosotros, no harán sino demostramos, una vez más, que las cadenas dogmáticas con las que sus antecesores encadenaron la libertad de la mente humana los tienen también a ellos aprisionados. Y si se niegan a admitir el hecho fundamental, es decir, que los hijos de Dios de otras regiones del espacio nos están visitando, modestamente les recomendaríamos que suspendiesen momentáneamente sus investigaciones sobre patrística o hermenéutica y se pusiesen a investigar con ahínco la realidad o irrealidad de esta nueva luz que nos llega desde los cielos y que nos puede ayudar a conocer un poco más la enorme majestad del Creador del cosmos.

7
NATURAL Y SOBRENATURAL

Según lo que se lee en los manuales de religión, la distinción entre natural y sobrenatural es perfectamente clara. Sobrenatural es aquello que sobrepasa absolutamente las fuerzas de la naturaleza, es decir, aquello que la naturaleza, dejada a sí misma, es incapaz de hacer sin el concurso de otra fuerza que no sea de orden natural. Conforme a esto había muchos fenómenos que se podían poner como ejemplo de cosas sobrenaturales: caminar sobre las aguas sin ayuda de aparato alguno, levantarse en el aire, resucitar a un muerto, adivinar el pensamiento, multiplicar objetos, estar en dos lugares al mismo tiempo, etc.

Todos estos hechos y muchos otros fueron presentados durante siglos como ejemplos típicos del poder sobrenatural de alguna persona. Y no solo eso, sino que fueron presentados como pruebas irrefutables —milagros— de la verdad de una causa o de la bondad de una persona. Los milagros en la Iglesia han sido presentados inequívocamente como prueba. Pero acerca de todo estoy hay muchísimo que reflexionar.

La primera duda que nos viene a la mente es la siguiente: ¿está bien hecha la distinción clásica entre natural y sobrenatural? En otras palabras: ¿responde a los valores religiosos, físicos y psicológicos del hombre de hoy? Indudablemente, no. He aquí uno de los muchos ejemplos que se pueden poner de cómo las «enseñanzas de la Iglesia» se han quedado atrás, estancadas en fórmulas y definiciones que ya no sirven para el hombre de hoy. Según la mente de ciertas autoridades religiosas, tales fórmulas son intocables. Esto nos parece un grave error.

Según otras autoridades, el hecho de ponerse ahora a revisar a fondo creencias y fórmulas que durante siglos han sido tenidas como sagradas e intocables encierra un grave peligro para la fe de muchas personas sencillas, en las que se crearía una gran confusión. Pero según el cristianismo más consciente —aunque no esté investido de ninguna autoridad jerárquica—, negarse a investigar a fondo y desechar todo lo que ya no le dice nada a la mente del hombre moderno es mucho más problemático no solo para la fe de las personas —sencillas y cultas—, sino para las creencias mismas, que corren el peligro de ser arrojadas en bloque al cesto de los recuerdos históricos. Ninguna persona cuerda querrá elegir como norma de su vida fórmulas mediocabalísticas y definiciones sin sentido ni relación a las realidades de su vida.

La distinción clásica entre natural y sobrenatural es hoy, a todas luces, inexacta. Peca todavía de geocentrismo. Divide al universo en dos partes: una la constituye el ser humano con la naturaleza que le rodea —tal como él la comprende— y la otra parte la constituye el resto del universo, incluso Dios. Es decir, que prácticamente se hace una división que consiste en Dios, por un lado, y el ser humano con su naturaleza circundante, por otro. No se tienen en cuenta otras realidades físicas o espirituales intermedias entre Dios y la naturaleza conocida por el ser humano. Por eso, a medida que el ser humano va profundizando más en los secretos de la naturaleza, va descubriendo que cosas que antiguamente se atribuían a un poder sobrenatural en realidad son perfectamente explicables por leyes físicas que hasta ahora nos eran desconocidas.

La segunda cuestión que de inmediato vendrá a la conciencia de la persona que piensa será esta: los hechos que en otros tiempos se nos presentaron como prueba de que algo era divino, ¿eran en realidad sobrenaturales? Y si no eran sobrenaturales en el sentido que entonces se les daba implícitamente, es decir, «divinos», ¿se podían aducir como prueba de que Dios quería o sancionaba algo? He aquí otro de los muchos aspectos en que la presencia entre nosotros de seres extraterrestres con un grado de cultura muy superior nos plantea serias dudas sobre la solidez de nuestras creencias, sean estas de tipo religioso, social o técnico.

Ciertos hechos que habíamos creído que superaban las «fuerzas de la naturaleza» los vemos practicados de una manera perfectamente «natural» por nuestros visitantes, sin que parezcan atribuírselo a ninguna intervención divina. Hacer flotar en el aire un vehículo que pesa toneladas —a juzgar por las huellas profundas que han dejado en numerosas ocasiones en terrenos duros y de las cuales se han sacado clarísimas fotografías y se han hecho toda suerte de mediciones y estudios—, es un hecho que para nuestros mayores, y según la clásica teoría de «sobrenatural», sobrepasa las fuerzas de la naturaleza. Pero ahora nos estamos dando cuenta de que, en realidad, sobrepasa las fuerzas de la naturaleza tal como nosotros la conocemos ahora. Porque dentro de unos años, cuando nosotros mismos hayamos logrado dominar la fuerza de la gravedad y seamos capaces de construir vehículos semejantes, no inmiscuiremos a Dios en el acto de conducir un aparato de tales características, lo mismo que actualmente no nos sugiere nada de especialmente «divino» el paso de un avión surcando nuestros cielos.

He aquí una lista de extraños fenómenos que en el pasado la mente humana ha ligado más o menos a lo «sobrenatural», conectando a aquellos en los que se manifestaban con poderes «divinos» o «diabólicos»:

- Adivinación del pensamiento.
- Levitación.
- Poder de curar enfermos.
- Apariciones-materializaciones.

- Hipnotismo.
- Bilocación o desdoblamiento.
- Glosolalia.
- Mediumnidad.
- Visión del futuro.
- Visión del pasado desconocido.
- Fenómenos de poltergeist.
- Emisión de perfumes extraños.
- Capacidad de vivir casi sin alimento.
- Luminosidad corporal.
- Estados místicos.
- Incorruptibilidad cadavérica.
- Estados letárgicos próximos a la muerte.
- Transfiguración corporal.

Ninguno de estos fenómenos es necesariamente sobrenatural y todos ellos caen dentro de las posibilidades del cuerpo o del psiquismo humano, sin salirse del ámbito puramente natural, aunque las leyes de la naturaleza que están en juego en muchos de estos fenómenos nos sean todavía desconocidas en gran parte.

Hemos estudiado todos estos tipos de manifestaciones psíquicas y corporales y creemos poder llegar a estas conclusiones:

- A todas ellas se les ha dado alguna connotación religiosa, mágica, sobrenatural o sobrehumana, según las circunstancias en que se desarrollaban. (Las consecuencias extremas de algunas de estas manifestaciones han sido, por un lado, la canonización del sujeto y, por otro, la hoguera).
- Todos estos fenómenos se dan en todas las grandes religiones y no pocas veces se manifiestan en individuos que no practican ni tienen ninguna fe religiosa determinada. Por tanto, ninguno de estos fenómenos es necesariamente una prueba definitiva para ninguna religión.

Es para nosotros una tentación escribir aquí algo de cada una de estas manifestaciones naturales del psiquismo y del físico humanos, pero vemos claramente que esto nos llevaría demasiado lejos y nos apartaría de la finalidad del libro. Sobre todos estos fenómenos se ha escrito y se escribe cada día más, y recomendamos al lector libre de prejuicios que ensanche su mente en esta dirección; descubrirá panoramas insospechados que hasta ahora han estado encubiertos tanto por los dogmatismos religiosos como por los científicos, que no son menos tiránicos.

Sin embargo, fieles al título del capítulo, haremos alguna consideración sobre varios de estos fenómenos para convencernos de que si la distinción clásica entre cuerpo y mente no es tan sencilla como habíamos creído, la distinción entre natural y sobrenatural tiene que ser estudiada a la luz de los nuevos descubrimientos. Carl Gustav, ese gran conocedor del psiquismo humano, escribió: «La distinción entre mente y cuerpo es una dicotomía artificial, es una diferenciación que indudablemente se basa mucho más en la manera de funcionar el intelecto humano que en la naturaleza misma de las cosas». Algo muy semejante podríamos decir de la distinción entre natural y sobrenatural.

Antes de llegar a conclusiones finales, quisiéramos seleccionar de entre los muchos fenómenos enumerados arriba dos de ellos como muestra de que las realidades están muchas veces más entrelazadas que los conceptos con los que la mente humana las ha separado.

Uno de estos fenómenos —el arte de curar— es muy viejo en la historia de la humanidad, mientras que el otro —poltergeist— es muy moderno en su valorización y en su estudio científico. Repetimos que cada uno de los fenómenos arriba mencionados es digno de un estudio a fondo con consecuencias de un alcance insospechado a primera vista para el profano.

Una de las grandes «pruebas» que vemos en el cristianismo, ya desde sus albores, para convencer a la gente de la veracidad de sus doctrinas, es el don de curar que Dios comunicó a ciertos varones eminentes o a ciertos objetos o lugares relacionados con alguna persona excepcional.

En ningún momento dudamos de la buena fe de estos hombres, ni de que usen ese don de Dios para el bien de sus hermanos. Pero lo que nos hace reflexionar y poner un poco de duda en el valor «probatorio» de esas curaciones es observar que en todas las religiones se dan esos casos de eminentes varones, de conducta ejemplar, dotados de esos poderes extraordinarios de curación. Y todavía nos llena más de asombro ver que a veces esos dones se dan también en gentes que no descuellan precisamente por su austeridad de costumbres ni por un ascetismo rígido conforme a los principios de la religión respectiva.

El fanático —aun lleno de buena voluntad—, incapaz de examinar los hechos con objetividad, negará tercamente tal posibilidad y afirmará que solo en su religión las curaciones son verdaderas. Pero a pesar de que todavía permanece bastante en el misterio para nosotros de qué clase son estos poderes, cuál es su origen y por qué se manifiestan tan claramente en unos sujetos, permaneciendo del todo ocultos en otros, hoy es ya innegable que tales dones se manifiestan cada vez más en individuos dispersos por todo el mundo pertenecientes a diversas religiones, razas, culturas y clases sociales.

Son muchos, y han tenido una gran resonancia en diversos medios masivos de comunicación, los casos de hombres y mujeres dotados con esos poderes maravillosos de curación. Notable en nuestros tiempos es el caso de la italiana Pasqualina Pezzola, estudiada hasta la saciedad por eminentes médicos y psiquiatras, que a distancia hace los más acertados diagnósticos de todo tipo de enfermedades. O los del estadounidense Edgar Cayce, el brasileño José Pedro de Freitas, alias *Arigó*, y el increíble filipino Tony Agpaoa.

A Edgar Cayce, sumido en un estado de somnolencia, le bastaba oír el nombre de un paciente para hacer un diagnóstico perfecto de su dolencia. Son comprobables más de ocho mil curaciones que realizó hasta su fallecimiento en 1945, siendo de notar que buena parte de sus pacientes habían sido desahuciados y enviados a él en última instancia por médicos famosos de Estados Unidos. En algún caso llegó a recetar las medicinas la víspera de que llegase la carta del paciente con la descripción de sus dolencias, y en otra ocasión aconsejó una medicina que todavía no había salido al mercado y cuyo nombre —coincidente con el que había dado Cayce— era todavía un secreto para el laboratorio que la estaba preparando.

El brasileño *Arigó*, un modestísimo empleado del ayuntamiento de Congonhas do Campo, en el estado de São Paulo (Brasil), en la cocina de su casa, valiéndose de unas pinzas, unas tijeras y un viejo bisturí, hace cualquier tipo de operación por muy complicada que esta sea, sin que sus pacientes sientan dolor y, por otro lado, con unos resultados que, después de haber sido estudiados muy de cerca por las autoridades sanitarias, dejan pasmados a los más eminentes cirujanos[12].

Los «curadores» de Filipinas son conocidos en todo el mundo. El más famoso de ellos, Tony Agpaoa, abre con sus simples manos el cuerpo del paciente, opera de la misma manera extrayendo lo que haga falta y vuelve a cerrar sin dejar cicatriz alguna. En aquel archipiélago hay por lo menos una treintena de «curadores» que ejercen la medicina al estilo de Agpaoa[13].

---

12 A los pocos meses de haberse publicado la primera edición de este libro, *Arigó* murió violentamente en un accidente de coche. Él había predicho un año antes su muerte, aunque no sabía cómo iba a ocurrir.

13 En los últimos diez años se ha desatado en todo el mundo una gran discusión en torno a estos «curadores» —sobre todo entre la clase médica— que han ido apareciendo por todo el mundo. He estudiado el asunto a fondo e incluso he sido operado en Brasil por uno de los discípulos de *Arigó*, y he llegado a la conclusión de que hay tres clases de operaciones: las que son un fraude organizado, las que encierran un poder paranormal pero no logran curación en el paciente y las que indudablemente constituyen un hecho paranormal sin explicación médica y logran curaciones asombrosas.

¿Son estos hechos «sobrenaturales», en el sentido tradicional de la palabra? Indudablemente, no, aunque estamos seguros de que en otros tiempos, a poco que sus autores se presentasen con un carácter religioso, serían considerados como «santos» por el pueblo y sus hechos como «milagros», corroboradores de la veracidad de las creencias religiosas de su autor. Más adelante intentaremos explicar por qué no consideramos estos hechos como sobrenaturales.

Dediquemos ahora unas palabras acerca de los curiosísimos fenómenos de poltergeist. Los hechos, aunque desconcertantes, son muy sencillos..., aunque otra cosa muy diferente sea su explicación. En general, son objetos que se comportan de una manera extraña, como si tuviesen voluntad propia o fuesen «teledirigidos» por alguien. Piedras que llueven de no se sabe dónde y que golpean determinados lugares o a personas, vajilla o enseres domésticos que danzan en el aire o que se mueven solos, cristales que se rompen sin que nadie los golpee, cuadros que se balancean... Es inútil querer negar hoy día la realidad de tales fenómenos cuando hasta la ciencia oficial los tiene ya en consideración.

Digamos de paso que tales hechos desconcertantes en tiempos pasados fueron casi inevitablemente ligados a la «intervención diabólica» debido, por una parte, a la ignorancia de la psicología y, por otra, a la cerrazón de las creencias religiosas.

El padre Herbert Thurston, en su excelente obra *Ghost and Poltergeist*, nos cuenta el caso de la madre Constante María de Fabriano, a quien en mitad de los rezos del coro, y en presencia de sus religiosas, el breviario con el que seguía los rezos de la comunidad se le escapaba reiteradamente de las manos y se ponía a danzar en el aire ante el pasmo reverente de sus súbditas. En otros tiempos, si la religiosa hubiese sido ejemplar en su conducta y bien querida de sus súbditas, tal fenómeno hubiese significado que el demonio estaba rabioso contra ella y por eso la tentaba de aquella manera. Nada extraño hubiese sido que a los pocos años de su muerte se hubiese comenzado a hablar de la «santa madre Fabriano». De haber sido, en cambio, autoritaria, poco edificante y mal querida de sus súbditas, no sería muy extraño que el obispo, a sugerencia de alguien, hubiese investigado la posible «posesión diabólica» de la madre superiora.

Por salirse ya de la intención de este libro, no seguiremos hablando de este curiosísimo fenómeno, definido por N. Fodor como «la extrinsecasión paranormal y naturalmente inconsciente de conflictos latentes en la personalidad del sujeto mediánico». Por otra parte, tampoco queremos decir que todo aquello que hasta ahora en la literatura religiosa había sido achacado al demonio haya que atribuirlo a «espíritus burlones». Pero sí queremos decir que en todos estos fenómenos la intervención diabólica, y todo lo sobrenatural, tiene que ceder mucho campo en favor de lo meramente natural, aunque todavía no estemos en disposición de darle una explicación satisfactoria.

Sin embargo, con gran satisfacción podemos ver cómo en todo este misterioso campo del profundo psiquismo humano se van haciendo grandes avances en los últimos tiempos. Ya en el mismo seno de la teología cristiana no hay aquel terror que hace años existía hacia todo lo relacionado con la mediumnidad. En el estudio del padre R. Santilli sobre el particular (*Nuovi problemi di metapsichica*), leemos: «Hoy, en el campo católico, no hay ningún problema en reconocer que la llamada mediumnidad constituye una fenomenología que no tiene nada de sobrenatural, ya que la sede de toda la actividad psíquica y psicosensorial está en el mismo médium cuando se encuentra en un estado dinámico particular y extraordinario, sin que esto excluya, según otros principios teológicos y de fe, que a veces pueda ocurrir la intervención de seres superiores al hombre; intervención que hay que examinar caso por caso y sin "fáciles concesiones" a la superstición, al sentimiento o a la ignorancia religiosa, que muy frecuentemente ven al diablo en donde solo hay coincidencias de fuerzas naturales desconocidas».

En los fenómenos de poltergeist, esas fuerzas naturales desconocidas son, en muchos casos, la personalidad o el psiquismo desajustado y en tensión de algún adolescente envuelto en el fenómeno, tal como ha demostrado Hans Bender. Este «pequeño» descubrimiento es de enormes consecuencias y no hace más que confirmar una cosa que los antiguos sabían mejor que nosotros: el enorme poder de la mente humana y, en definitiva, la prevalencia del espíritu sobre la materia. Este fantástico poder del espíritu encerrado dentro de nosotros parece ser la última explicación de todos los extraños fenómenos enumerados antes, y su desconocimiento durante siglos indujo erróneamente a hacer una distinción tan tajante entre natural y sobrenatural.

Cuando el espíritu humano alcanza cierto grado de desarrollo, es capaz de dominar la materia, incluida aquella en la que él mismo está encerrado, de tal manera que el cuerpo empieza a regirse por otras leyes naturales más profundas que el ser humano todavía desconoce en su mayoría..., aunque no ha dejado de ver con extrañeza, a lo largo de los siglos, muchas manifestaciones esporádicas de ellas. Parte de este desarrollo lo constituye un mejor uso de las posibilidades físicas del organismo humano, pues cada vez estamos más convencidos de que tanto el cerebro como todo el organismo distan muchísimo de estar siendo usados a toda su capacidad.

De un mejor uso por parte del espíritu humano de las capacidades físicas del cuerpo resultan muchos de los fenómenos espectaculares descritos anteriormente: levitación, bilocación, luminosidad corporal, poder curativo con la sola imposición de las manos, caminar sobre el fuego, etc.[14]

---

14 De todos estos hechos tenemos numerosos ejemplos. Acerca de caminar sobre el fuego, invitamos al lector a que vaya a Langadas, en Macedonia (Grecia), en la fiesta en mayo de Santa Elena y San Constantino y podrá observar cómo hombres del pueblo, sumidos en un fervor folklórico-religioso (no muy bien visto por las autoridades eclesiásticas), caminan un buen rato a pies descalzos sobre un fuego que oscila entre doscientos y trescientos grados de temperatura.

Pero esto es solo la antesala de otra realidad mucho más vasta, más misteriosa, más profunda en la que la limitada mente terrenal de las personas se siente perdida y confusa. ¿De dónde proviene la prodigiosa capacidad —por más que en muchos casos sea rudimentaria— de predecir el futuro o de descubrir un lejano pasado desconocido? ¿Con qué mundo se pone en contacto el médium? ¿A qué profundidades o a qué alturas llega el alma cuando entra en trance místico en cualquiera de las religiones? ¿Será mucha herejía decir que los éxtasis de santa Teresa eran un fenómeno psíquico similar al estado *zazen* de los contemplativos japoneses, al *samadhi* hinduísta, al *devecut* (abrazo) hebraico o al *hulul* (cohabitación) que tan bellamente describe el místico musulmán Al-Hallaj y en el que seguramente él se encontraba cuando sonreía agonizante entre las atroces torturas a que fue sometido por «hereje» por la jerarquía islámica?

Creemos firmemente que *todo es parte de lo mismo*. Pero ¿qué es ese «todo» que es «lo mismo»? ¿Es el «*continuum* de consciencia cósmica» de que habla William James? ¿Es ese «algo» misterioso hacia el que la humanidad se dirige y que es superior a ella de que nos habla Teilhard de Chardin? ¿Es el «conocimiento trascendente», independiente de la voluntad y de la consciencia humanas y definido por él como «el conocimiento *a priori*, inexplicable según el principio de causalidad, de un acontecimiento totalmente desconocido»? ¿Es el «universo psíquico», el «plano psi», el «campo de la superconsciencia» de que nos hablan otros autores?

Cada día parece más claro que más allá del campo de la conciencia y de la vida humanas hay una especie de universo psíquico o de región del espíritu vastísima, profundísima, complejísima —transtemporal, transespacial, transpersonal, según G. Murphy—, que es donde ven los clarividentes, donde sufren y gozan los místicos, de donde, a través de un estado extranormal de la mente, saca el organismo humano las capacidades extraordinarias que a veces demuestra, por donde vagan perdidos los que violentan su psiquismo con drogas alucinantes y de donde los médiums traen a los muertos.

Por extraña que pueda parecer, he aquí una cita de la obra póstuma del mejor psiquiatra moderno e indiscutible científico Carl Gustav: «Cuando el alma toma contacto con el inconsciente, en cierta manera se relaciona con la colectividad de los muertos, porque el inconsciente corresponde al legendario país de los muertos, el país de los antepasados». Y a esto añade Leo Talamonti en su obra *Universo prohibido* que la mente de los que tienen un diálogo activo y abierto con el propio inconsciente «entra y sale de aquella dimensión prohibida para otros, evocando su contenido bien en términos subjetivos, o haciéndolo a veces concreto y visible».

Usando una comparación, podríamos decir que esa misteriosa región del espíritu, en la que están registradas como en una computadora todas las vibraciones más íntimas del universo físico y psíquico, es como un gran depósito de aguas subterráneas. Únicamente pueden llegar a ellas aquellos que son capaces de cavar un pozo profundo. Cada día está más claro que los pozos por los que podemos llegar a estas aguas profundas del inconsciente, hoy por hoy, son los sueños y ciertos estados psíquicos paranormales. Pero de la misma manera que los pozos son particulares, pero el agua allá abajo es común, pues forma parte de un único gran depósito, el inconsciente humano igualmente es común. No se puede hablar de *tu* inconsciente o *mi* inconsciente, sino simplemente del inconsciente, que entre muchas cualidades, todas misteriosas para nosotros, tiene la de trascender el tiempo y el espacio. Por eso quienes se ponen en contacto con él pueden predecir el futuro o hablar del pasado como si lo tuviesen presente, bilocarse y elevarse en el aire.

¿Es este «campo del espíritu» al que se asoma el inconsciente humano, de naturaleza sobrenatural, entendiendo «sobrenatural» a la manera clásica de la teología? No. Recordemos que tanto la materia como el «espíritu» del ser humano pertenecen al orden natural. Si este espíritu es mucho más vasto y más profundo de lo que habíamos imaginado, no es culpa de él. Puede ser que haya sido culpa de los teólogos el haber identificado en un nivel demasiado bajo lo espiritual con lo sobrenatural. El espíritu del ser humano —su psiquismo, su mente, su persona— tiene sus leyes naturales y sus capacidades, que no entran todavía en el campo de lo estrictamente sobrenatural.

A algunos espíritus piadosos acaso les haya parecido mal que hayamos mezclado en cierta manera a los místicos cristianos con otros místicos y peor todavía que los hayamos relacionado con los que embotan el espíritu con drogas alucinantes. Pero es que, sin negar la parte que lo sobrenatural puede jugar en los fenómenos místicos, creemos que la mayor parte de tal actividad se desarrolla en un plano puramente natural.

Los católicos hemos admitido con toda naturalidad, por ejemplo, el hecho de que san Pío V vio «de una manera sobrenatural» en 1575, desde Roma, la derrota de la armada turca en el golfo de Lepanto, que está como a unos trescientos kilómetros; y tal seguridad tuvo de ello que no esperó a que llegasen los mensajeros con la noticia oficial para mandar dar gracias en todas las iglesias por la victoria. Sin embargo, no creemos, o lo achacamos a pura superchería, al historiador romano Aulo Gellio cuando nos cuenta cómo en Padua un sacerdote llamado Cornelio «vio» y fue describiendo en todas sus fases, al mismo tiempo que se desarrollaba, la gran batalla de Farsalia, en la que las legiones de César derrotaron al ejército de Pompeyo. Ni creemos a Luciano de Samosata, famoso por su escepticismo, cuando a disgusto confiesa haber sido testigo de cómo unos sacerdotes asirios habían hecho flotar en el aire la estatua de su dios.

De igual manera, el hecho siguiente podrá ayudarnos a comprender mejor que el ámbito de lo sobrenatural no es tan claro ni tan circunscrito a ciertos fenómenos como habíamos creído. Se hallaba un día el swami Paramahansa Yogananda, conocido como uno de los grandes maestros modernos del hinduismo, en presencia de Teresa Newman, la famosa vidente de Konnersreuth (Alemania). Entre los dos, a pesar de sus diferencias religiosas, se había desarrollado una gran sintonía psíquica. Al swami le fue permitido, como excepción, asistir a uno de los éxtasis en los que Teresa caía todos los viernes; vio cómo los vendajes de Teresa se volvían rojos y en su rostro aparecían las señales de angustia. De repente cayó también él en éxtasis y vio y vivió lo mismo que estaba sintiendo Teresa Newman. Más tarde él describió, punto por punto, las escenas del camino del Calvario que había presenciado en compañía de Teresa. ¿Se convirtió, por ello, al cristianismo? No. Sencillamente, los orientales saben mucho mejor que nosotros a qué atenerse en este asunto de visiones y estados místicos.

¿Qué queda entonces para lo sobrenatural? ¿Se podrán explicar todos los fenómenos del espíritu desde un punto de vista natural? Creemos que lo sobrenatural existe, pero en un plano superior a aquel en que lo había colocado hasta ahora la teología católica. Intentaremos aclarar todo este pensamiento y resumir así el capítulo.

En primer lugar, con relación a los «poderes divinos» y a los «dones sobrenaturales» con que nos fueron presentados muchos ilustres varones en tiempos pasados, tenemos que decir que ni son tan divinos, ni son tan exclusivos. Hoy vamos descubriendo que muchos de esos «poderes» se los ha dado la naturaleza a todos los seres humanos, aunque en unos se manifiestan en un grado mucho mayor que en otros.

El famosísimo Rasputín es un ejemplo de esto. Poseía tal magnetismo en su persona y tales poderes psíquicos que a poco que se lo hubiese propuesto, o a poco que su conducta hubiese sido recta, el pueblo lo hubiese considerado como un santo. Sin embargo, en la mayoría de los casos esos dones duermen atrofiados, por muchas y muy diferentes razones, en el fondo del ser.

Pero están allí, esperando que esta loca humanidad varíe muchos de sus malos hábitos, mejore radicalmente su educación y, sobre todo, eleve su espiritualidad. Entonces veremos cómo estos poderes, sea que nos hayan sido dados en un principio y hoy los tengamos atrofiados, sea que en virtud de la evolución la raza humana los esté adquiriendo poco a poco, se manifestarán normalmente, lo mismo que se manifiestan ya en algunos ejemplares extraordinarios de la raza humana y lo mismo que se han manifestado a lo largo de la historia en personas que han alcanzado un extraordinario desarrollo espiritual.

Por lo que hemos ido diciendo, la distinción entre natural y sobrenatural no es tan fácil ni tan sencilla. Es cierto que uno tiene que hacer distinciones mentales para poder explicar las cosas. Pero aquí estamos tratando de la raíz de las cosas y en ese nivel la mente humana no ve nada claro. Cada vez nos parece más que la única realidad trascendente es la de orden espiritual y que la materia no es más que un sueño del espíritu. Cada día vemos más a la materia impregnada de espíritu. Nos damos cuenta de lo peligrosas que pueden sonar estas palabras en los oídos de ciertas personas. Pero cada día estamos más lejos del maniqueísmo. Cada día estamos más convencidos de que entre una piedra y un arcángel no hay más diferencia que un billón de años. Cada día vemos más sagrada a la materia y cada día nos vemos más llenos de espíritu y más cerca de Dios, no precisamente por el cumplimiento de ritos, sino por el desbordamiento amoroso de la mente a todo lo que nos rodea, que no es más que el velo sutil e impenetrable, diáfano y misterioso tras el cual se esconde y nos observa con complacencia paternal el Gran Generador del Universo que vive su vida inimaginable fuera de esta jaula del espacio-tiempo en la que temporalmente estamos encerrados en nuestro camino hacia Él.

Lo que antes hubiera sido tenido por sobrenatural, hoy claramente, empíricamente, hemos comprobado que es puramente natural. Sin embargo, de ninguna manera queremos reducir lo divino a dimensiones físicas, matemáticas o de algún modo «científicas». Tenemos un respeto por lo realmente divino mucho mayor que buena parte de nuestros piadosos antepasados, que, llevados de un infantilismo, y aun de una vanidad inconcebible, rebajaron de tal manera a Dios que lo hicieron cómplice de sus mentecateces.

Una de las deducciones que se pueden hacer de todo lo dicho es que muchos de los hechos que se habían presentado como «pruebas» han quedado descartados como tales. Sin embargo, todo aquel que venga de parte de Dios y quiera convencernos de ello, tendrá siempre la «gran prueba» a su disposición. Una prueba contra la que no podrán nada las dudas ni las suspicacias racionalistas. Si procede con amor, será de Dios («En esto conocerán que sois de los míos: si os amáis»). De ahora en adelante, los milagros irán contando cada vez menos, porque las personas comunes hemos ido aprendiendo a hacer milagros y «los haremos mayores cada día», como dijo Jesús. Además, por encima de todos los milagros y de todos los dogmas y de todas las estructuras tiene que brillar el amor. Sin este, todo se derrumba. Y como no hay amor en el mundo, todo se está derrumbando.

Será, por lo tanto, de Dios todo aquel que venga no con «poderes», sino con los brazos abiertos y con el corazón en la mano, dispuesto a servir más que a mandar y dispuesto a ayudar y a perdonar más que a prohibir y a castigar. Será de Dios todo aquel que venga, y solo aquel que venga con justicia y con amor.

Esta será la única gran prueba sobrenatural.

¿Admitimos un «orden sobrenatural» por encima del «orden meramente natural»? Sí. Para nosotros este «orden sobrenatural» consiste específicamente en la filiación divina. Este «algo» misteriosísimo, pero real, que está presente en el alma de las personas y en sus vidas y que se acrecienta o se mengua según cada individuo obra con amor o con egoísmo. Ese «algo» llamado en el cristianismo «gracia», que ciertamente excede todas las capacidades y está más allá de toda la evolución de que es capaz la naturaleza.

El hecho de habernos elevado Dios —por un acto libérrimo de su voluntad, que nos habla al mismo tiempo de su enorme grandeza— a la dignidad de ser miembros de su familia, trasciende no solo la esencia de la materia, sino también la misma esencia del puro espíritu. En eso consistirá el «cielo», en descubrir que nosotros, pobres criaturas, hemos traspasado, de una manera que no sabremos jamás, las fronteras de lo absolutamente imposible. Dios eleva la materia con su «gracia material», en virtud de la cual aquella se autoperfecciona con paciencia de milenios hasta convertirse en espíritu; y Dios eleva el espíritu con su «gracia sobrenatural» —que más propiamente debería llamarse «sobreespiritual»—, con la cual el espíritu creado llega a identificarse con Dios.

Con esta manera de pensar no solo elevamos la materia, poniéndola en camino hacia su Creador hasta presentarla delante de Él convertida en espíritu, sino que rescatamos lo «sobrenatural» de las cadenas con las que el fanatismo de espíritus miopes lo había encadenado.

La teología unió demasiado mecánicamente todo el «reino de la gracia» —por el que Dios nos hace sus hijos— a creencias, ritos, aguas, aceites y palabras. Nada de esto sirve para nada sin amor. Creíamos que habíamos logrado dominar la «gracia» —regalo maravilloso de Dios— y por eso la habíamos comercializado, llegando a veces a ponerle precio. Pero la «gracia» es demasiado sublime para acomodarse a nuestras arbitrariedades. Estamos muy seguros de que Dios perdona nuestras osadías de infantes, pero no se acomoda tan exactamente, como algunos creen, a los «rituales» sacramentarios ni a los catálogos de indulgencias.

La gracia es un «algo» divino, realmente sobrenatural, que fecunda perpetuamente el mundo, anidando en millones de almas de buena voluntad y evitando que ese otro «algo» misterioso y corrosivo, que también habita en las almas de las personas, convierta este mundo en un infierno de odios y de destrucción.

En medio de estos misterios tan impenetrables para nuestra mente de microbios cósmicos, lo menos que debemos tener es un gran respeto para todo este orden de cosas que no comprendemos, y una gran fe en nuestro Padre Dios, que nos conducirá, a través de un largo camino, hacia Él, más que por nuestros ritos y creencias, por su bondad. Es un error fatal pretender tener «definidas», inmutablemente, todas las creencias, todos los caminos del hombre hacia Dios, todos los misterios de la creación y el aferrarse a posturas intransigentes. Esa es una de las principales razones de por qué «los dogmas vuelan»: porque no quieren reexaminarse, renovarse, rejuvenecerse, tal como perennemente hace la humanidad y toda la naturaleza. Las autoridades religiosas, al no comprender esto, están matando las religiones del mundo. ¡Quién sabe si para bien del espíritu religioso!

8
LAS RELIGIONES DE LOS HOMBRES

La palabra «religión» es muy antigua en la humanidad. Con ella quiere significar el hombre la sistematización de lo trascendente, de lo misterioso de la vida, de su angustia y de su miedo congénito, acaso también de alguna añoranza subconsciente y, en fin, de su deseo más o menos racionalizado de superación.

Como hemos dicho anteriormente, todas las religiones, y el sentimiento religioso en general y privadamente en las conciencias de las personas, están en una aguda crisis. Y no vale decir que la crisis proviene de la inestabilidad y de las angustias del hombre de hoy, y que, como fenómeno pasajero, desaparecerá cuando desaparezcan las causas que la han motivado. Es cierto que el hombre proyecta sus crisis internas en la religión. Pero la crisis grande de las religiones proviene no tanto de esto, sino de su propio contenido doctrinal: de ese conjunto de «verdades» que durante siglos las diversas religiones, incluida la cristiana, presentaron a la humanidad como la explicación cierta —«dictada por Dios»— del misterio de la existencia aquí y en el Más Allá.

Estas verdades eran de dos tipos: lo que había que creer y lo que había que practicar para cumplir la voluntad de Dios y, por lo tanto, conseguir la felicidad eterna, o, dicho en otros términos, «salvar el alma».

Pero he aquí que los hombres de hoy están descubriendo que no todas las «verdades» son tan ciertas como les habían dicho, y que algunas de las prácticas que se habían presentado como «voluntad de Dios» son solo producto de la mente fanatizada de algunos individuos. La crisis de las religiones no es, por tanto, sino una lógica consecuencia de la evolución del pensamiento humano.

Se pregunta Arnold J. Toynbee si la religión no estará ya abandonando el lugar primordial que durante milenios ha ocupado en el alma de los seres humanos: «¿El curso de la historia actual no estará refutando la tesis de que la religión es una característica esencial de la naturaleza humana? ¿No resultará que la religión fue un engaño temporero, caro a la humanidad durante el primer millón de años, pero destinado a ser abandonado durante el siguiente período de dos millones de años que dicen es el período de vida que puede esperar la humanidad? Si la pregunta del escéptico tuviese una respuesta afirmativa, entonces habría que eliminar la religión por síntoma superado de inmadurez espiritual».

Esta es la posición que sostiene hoy día mucha gente culta y no se puede negar que tiene bastantes argumentos en su favor. Sin embargo, no la compartimos, como tampoco la comparte el mismo Toynbee, que en otra parte dice: «Estas consideraciones sugieren que, después de todo, la religión es una parte inalienable de la naturaleza humana. Y si la verdad es esta, no solo es un engaño creer que puede descartarse la religión, sino que, además, es una desgracia caer en este error, ya que intentar alinear lo inalienable es evidentemente traumatizante».

No hay duda de que la humanidad, hasta hoy por lo menos, ha necesitado de la religión; y como ni la naturaleza humana ni el mundo han cambiado fundamentalmente, es de suponer que siga necesitando de ella. Mezclados con los primeros restos humanos se encuentran ya objetos de culto, rituales, mágicos. Y prácticamente en todos los pueblos se encuentran manifestaciones religiosas de un tipo u otro, hasta el punto de constituir un verdadero desafío para los arqueólogos el hecho de no encontrar entre los restos de alguna civilización antigua muestras religiosas de ningún tipo.

En este capítulo intentamos hacer algunas reflexiones sobre el fenómeno religioso en el mundo. Cuando antes dijimos que la religión era una necesidad de la vida humana, entendimos la palabra «religión» en un sentido amplísimo, tal como la definimos al principio de este capítulo, y ni siquiera implicamos con ello la admisión de un Dios personal. Sencillamente, el ser humano tiene necesidad de darse a sí mismo, como ser racional que es, una explicación de lo que no comprende, y que, por otra parte, le molesta en el fondo de su mente por lo que supone de peligro o de sorpresa desagradable. Dijimos también que la tesis de quienes sostienen que la religión está destinada a desaparecer como síntoma de inmadurez espiritual no carece de buenos argumentos. Sobre todo, para aquellos que identifiquen la palabra «religión» con una religión en concreto. Todas ellas, por estar formuladas en términos humanos, llevan dentro de sí mismas la semilla que las hará envejecer, externamente por lo menos, a no ser que sus líderes sean personas dotadas de un gran sentido de las limitaciones humanas y sepan sustraerse a la tentación de la inmanencia antes de que sea demasiado tarde.

No todos tienen la amplitud de mente de Sarvepall Radhakrishnan, uno de los grandes «santos» del hinduismo, quien escribió de su propia religión: «El hinduismo es un movimiento, no una posición; un proceso, no un resultado; una tradición creciente, no una revelación fija».

Por desgracia, vemos un endurecimiento paulatino en todas las antiguas religiones que acaba convirtiendo los ordinariamente bien orientados preceptos de sus fundadores en un sinfín de microleyes asfixiantes, a veces totalmente contrarias a los mismos mandatos del fundador. Estas han sido, por lo general, personas extraordinarias, de un calibre espiritual o humano fuera de lo común, que les permitió hacer penetrar en las duras mentes de sus semejantes doctrinas que con frecuencia no eran nada agradables e incluso chocaban con las costumbres normales de los pueblos que las recibían.

El fanatismo lleva a creer que solo en la religión de cada uno ha habido «santos» y «milagros», o que si algo semejante se ha dado en otras religiones, ello se ha debido a procesos psicopáticos, trucos o «intervención diabólica». Nada más lejos de la realidad. En todas las religiones ha habido y hay personas verdaderamente extraordinarias y en ellas se han dado lo que en la Iglesia cristiana se llama «milagros», es decir, cosas o fenómenos que sobrepasan los límites de las fuerzas naturales conocidas.

Y, desgraciadamente, en todas ellas, además de los fieles normales, ha habido un reducido grupo de «superfieles» que se han sentido en la obligación de estrechar más las vías trazadas por el fundador. Las motivaciones de estos «reformadores» son muy varias y trataremos de ellas más adelante.

Antes de pasar adelante, copiaremos ciertas máximas o mandamientos fundamentales de las principales religiones para que el lector saque sus propios razonamientos:

Brahmanismo	*Todos los deberes se encierran en esto: nada hagas a otros que te dolería si te lo hicieran a ti.* Mahabharata I, 15-17
Budismo	*No ofendas a los demás como no quisieras verte ofendido.* Danavarga 5, 18
Confucianismo	*¿Hay alguna máxima que uno debe seguir toda la vida? Sí. La máxima de la apacible benignidad: lo que no deseamos que nos hagan, no se lo hagamos a tos demás.* Analectas 15, 28

Taoísmo	*Sean para ti como tuyas las ganancias de tu prójimo y como tuyas también sus pérdidas.* Tai-Shang Kan-Ying Pien
Judaísmo	*Lo que no quieras para ti no lo quieras para tu prójimo. Esto es toda la ley; lo demás solo son comentarios.* Talmud Shabbat 3, 10
Islamismo	*Ninguno de vosotros será verdadero creyente a menos que desee para sus hermanos lo mismo que desea para sí.* Sunna
Cristianismo	*Haced vosotros a los demás cuanto quisieseis que ellos os hiciesen a vosotros.* Mateo 7, 12

Lejos de nosotros pensar que, como conocemos estas máximas, conocemos ya las particulares maneras que cada religión tiene de enjuiciar la vida, la muerte y todo lo trascendente. Pero sí podemos decir que todas ellas hacen gran hincapié en el amor fraterno y en la rectitud en el obrar con relación al prójimo.

Frente a esto, que podríamos llamar espíritu fundamental de todas ellas, se alzan los dos obstáculos contra los que, irremisiblemente, por la condición de la naturaleza humana, todas ellas van a chocar: el endurecimiento o institucionalización y el deterioro. Hay un hecho histórico, varias veces repetido, que nos pone de manifiesto estos dos obstáculos a la vez: varias de las grandes religiones han nacido como «herejías» de otras grandes religiones que con el paso de los siglos se habían esclerotizado o deteriorado. El budismo nació como una herejía del hinduismo; el cristianismo fue —y sigue siendo— una herejía del judaísmo. El islamismo se puede, en buena parte, decir que nació como una herejía del cristianismo y del judaísmo. Todavía se podrían poner varios ejemplos más de religiones orientales y, sobre todo, tenemos bien a la vista la separación y mutuas acusaciones que durante siglos se han lanzado las tres grandes ramas del cristianismo.

Los ejemplos de endurecimiento o institucionalización que se podrían citar de todas las religiones son muchos. Desde el sistema de vida —más que religión— basado en la renunciación de los apetitos como camino para la consecución del Nirvana que predicó en los alrededores del siglo V a.C. Siddharta Gautama, el *Iluminado* (Buda), hasta las supercomplicadas cuestiones de metafísica y discusiones sobre la naturaleza del Nirvana de la escuela Mahayana —una de las dos grandes ramas en que muy pronto se dividió el budismo—, y más aún hasta la divinización del Nirvana y aun de la persona del mismo Buda, hay un gran trecho.

Siglos antes de que los hijos de Abraham proclamasen a Yahvé como el único Señor, ya el profeta Zoroastro predicaba por el sudoeste de Asia la existencia y el culto al único Dios y decía que todos los hombres tenían que escoger personalmente entre la verdad y la mentira. Sin embargo, a medida que pasaron los años, los dogmatizantes empezaron a complicar las cosas, divinizando los principios del bien y el mal y haciendo complicadas divisiones entre las influencias de estos. Nueve siglos más tarde todavía encontramos a san Agustín escribiendo y predicando contra el maniqueísmo, que en el fondo no era sino un zoroastrismo sofisticado.

En cuanto al deterioro de las doctrinas originales, hasta caer en verdaderas caricaturas de ellas, hay en todas las religiones una infinidad de ejemplos. Huston Smith escribe: «Pasar de las cumbres del Tao Te-King, el libro básico del taoísmo, de Lao-Tse, a la superchería del taoísmo popular, es como pasar de un arroyo cristalino de la montaña a las aguas fétidas de un canal estancado».[15]

---

15 *The Religions of Man*. Harper & Row, Nueva York, 1958.

No podemos olvidar nunca el horror con que contemplamos con nuestros propios ojos un «acto de culto» en un templo jainita. Es sabido que esta rama del hinduismo, basada en la complicada y profunda teoría filosófica del karma, ha desarrollado un respeto absoluto por todo lo que sea vida. Pero no solo eso, sino que su elaborada filosofía acerca de la resistencia no violenta al mal, y específicamente a los males sociales, tuvo a través de Gandhi una influencia enorme en la emancipación de la India y modernamente está inspirando la conducta de miles de jóvenes.

Pues bien, de alturas tan espirituales, el jainismo ha caído en verdaderas ridiculeces. Un jainita no abanicará el aire ni hará chasquear los dedos por evitar hacer daño a criaturas microscópicas; no beberá agua en la oscuridad para evitar tragarse un insecto, y hará méritos para el Más Allá si permite que los mosquitos se le posen encima y se alimenten con su propia sangre.

El «acto de culto» a que nos referimos más arriba consistió, traducido en términos occidentales, en dar de comer a miles de ratas, que son las dueñas y señoras de un templo. Casi en trance entraron en procesión los portadores de grandes bandejas con alimento para ellas. Se colocaron en un vasto círculo y depositaron en el suelo sus bandejas. Al sonido de un gong, los pequeños chirridos que salían desde los innumerables agujeros de las paredes, retablos y suelo del templo se convirtieron en un chillido ensordecedor. De todas partes, una nube de ratas pardas y negras de gran tamaño se abalanzaron sobre las bandejas, pasando por encima de todos aquellos que, en una especie de éxtasis, se hallaban postrados en oración. Las ratas eran tantas que no se podía ver el suelo. Los que no participaban activamente en el culto se mantenían en el vestíbulo, con las manos juntas y los ojos cerrados en ademán de adoración. El contraste entre lo repulsivo de aquellos animales y la sinceridad religiosa de aquellos hombres nos ha servido mucho para ver con ojos más realistas la dimensión humana del fenómeno religioso.[16]

Como dijimos antes, son innumerables los ejemplos que se podrían poner como prueba del endurecimiento dogmático de los originales buenos principios de los fundadores de religiones y también como prueba de la corrupción paulatina a partir de los buenos comienzos. El sikismo del noroeste de la India, que comenzó teniendo como mensaje fundamental el amor, la fraternidad y la humildad, acabó convirtiéndose en lo que es hoy: una temible secta guerrera. El brahmanismo y todas las religiones de la familia hindú que han sido siempre ejemplo para las demás religiones de un espíritu de buena voluntad, tolerancia y verdadero amor para los que no piensan religiosamente como ellos, juntan estos principios tan elevados con exageraciones tan absurdas como la veneración de las vacas, que indolentemente, y a salvo, se pasean por las calles de la mayoría de las ciudades indias. Tal creencia religiosa en un país desnutrido es un atentado contra el más elemental sentido común. (En Occidente el respeto hacia la vaca crece cada día, pero debido más al precio de su carne que a motivaciones religiosas).[17]

En el cristianismo hay también insignes ejemplos de esto, como veremos en el capítulo siguiente.

Al final, uno se pregunta: ¿por qué este fenómeno en todas las religiones? La respuesta no es muy difícil. Si la religión es una búsqueda más que una llegada, tendrá, por lo tanto, di-

---

16 En un informe preparado por la FAO se calcula que el número de ratas que viven en la India, sin que el Gobierno pueda hacer mucho contra ellas por razones religiosas, varía entre 1000 y 2000 millones. Si pensamos que cada rata devora al cabo del año por lo menos cinco kilos de alimento utilizable por el hombre, llegaremos a la conclusión de que con lo que las ratas comen en la India podrían alimentarse millones de personas.

17 El número de vacas que deambulan libremente por la India es alrededor de ochenta millones, siendo esta nación, en teoría, el primer país ganadero del mundo. Lo cual no obsta para que cada año se mueran de hambre en la India varios millones de personas. Es un auténtico masoquismo religioso.

versas tentativas, muchas de ellas fallidas; si es un camino, tendrá muchas encrucijadas dudosas; si es el perpetuo aprendizaje de un gran misterio, tendrá muchas lecciones diferentes y difíciles; si es la manera de concebir lo trascendente de acuerdo a la mentalidad de un pueblo, necesariamente habrá variaciones de acuerdo a los cambios de ese pueblo y con relación a otros pueblos. (Si alguien nos dijese que la religión es la fórmula definitiva con que hemos captado la esencia y la voluntad de Dios, entonces no tendríamos más remedio que decirle que eso es una infantil ilusión).

Y si a lo dificultoso del proyecto en sí añadimos que el que lo tiene entre sus manos es el hombre —esta criatura tan voluble, tan frágil, tan insegura y que apenas ha llegado a una adolescencia mental y espiritual—, tendremos que llegar a la conclusión de que toda religión lleva dentro de sí la semilla de su destrucción. El tiempo distanciador de generaciones, el fanatismo, el desequilibrio y hasta la ambición de algunos y la pequeñez de todos harán que poco a poco, lo que comenzó como una gran ansia de superación de la humanidad, acabe en triquiñuelas rituales o en argucias doctrinales, cuando no en guerras santas.

Las religiones de los hombres —todas ellas— tienen en su haber logros y daños. Entre los primeros está el haber ayudado en gran manera a la educación de la humanidad por medio de la espiritualización, haberlos «desmaterializado», al hacer que pusiesen su mente —fuese por amor o por miedo— en cosas superiores a lo material que tenían delante de los ojos y a lo que el instinto, naturalmente, los inclinaba. Aunque solo fuese por eso, la humanidad tendría una gran deuda con todas las religiones y con todas aquellas personas que más o menos acertadamente han predicado un más allá y han propugnado una dignificación de las costumbres.

Entre los inconvenientes de la religión está el no pequeño de estrechar los puntos de vista. Un «fiel creyente» juzgará acerca de las cosas de esta vida y de la otra únicamente desde el punto de vista de su religión.

Me permito citar aquí a Von Däniken, con el que estoy completamente de acuerdo:

> El creyente fervoroso de una religión cree estar en posesión de «la verdad». Y ello no es válido solamente para el cristiano, sino para los miembros de otras muchas comunidades religiosas grandes y pequeñas. Teósofos, teólogos y filósofos han reflexionado sobre sus doctrinas, sobre sus maestros y sobre las enseñanzas impartidas; todos creen haber hallado «la verdad»; están convencidos de ello. Naturalmente, cada religión tiene su historia, sus correspondientes promesas divinas, sus armónicas avenencias con un dios cuyos profetas y cuya sabia doctrina dictamina que... los razonamientos sobre «la verdad» partan siempre desde el centro de la propia religión. Así resulta una racionalización parcial con la cual se nos habitúa a pensar y a creer desde la niñez. Siempre vivieron y viven generaciones con el convencimiento de que poseen «la verdad». Pero nosotros, algo más mesurados, opinamos que es imposible poseer «la verdad». A lo sumo, se puede creer en ella. Quien busque «la verdad» no puede ni debe hacerlo tan solo bajo los designios de su propia religión. ¿No sería esto un padrinazgo desleal para una causa de tal magnitud?[18]

Lo es. Y este padrinazgo desleal se perpetúa y se acentúa en todas las religiones al instar los jerarcas a sus fieles más a que «tengan fe» que a que piensen por sí mismos. Por supuesto, esto en lo que lógicamente tiene que desembocar es en el fanatismo, como de hecho desemboca en tantas ocasiones.

El fanatismo es una religiosidad a la que se le puede decir «pasada de rosca»: gira tozudamente alrededor de un centro,

---

18 Erich von Däniken: *Recuerdos del futuro*. Plaza-Janés, Barcelona, 1970.

pero sin llegar a profundizar, porque ha perdido el agarre con la realidad. El fanatismo es, usando otro símil, una religiosidad recalentada: el calor religioso exagerado lo único que hará será dañar la mente del que lo tiene, sin beneficiar a nadie. Un mahometano fiel se cerrará *a priori* no solo a toda idea religiosa distinta a la suya, sino a cualquier discusión en la que hayan de ventilarse conceptos religiosos. Con esto, la puerta hacia cualquier posible verdad queda completamente cerrada. Y es triste reconocer que en muchas ocasiones individuos dotados de un gran sentido de lealtad y responsabilidad, y dispuestos a cualquier sacrificio, están, por eso mismo, más imbuidos de este cáncer del espíritu que es el fanatismo.

A este fanatismo y a esta cerrazón de mente ha contribuido en todas las religiones el exceso de fidelidad a los «libros santos». La triste experiencia que de esto tiene el cristianismo puede aplicarse a la mayoría de las otras religiones, con las mismas desagradables consecuencias. Insistiremos sobre esto más adelante.

Creemos en el valor positivo de la religión, entendida esta como una búsqueda de la verdad, de Dios o de cualquier cosa que se elija para significar lo trascendente. En cambio, rechazaríamos cualquier religión que se nos quisiese imponer o que sencillamente se presentase como la depositaria única de «toda la verdad», y más aún si pretendiese regular los pormenores de nuestras vidas o de nuestras creencias.

Vemos un grave peligro en el derrumbe de las creencias religiosas que se vislumbra en los próximos cien años en gran parte de la humanidad, y que, de hecho, ya ha comenzado en gran escala. Este derrumbe se debe no solo a los males internos de las religiones, como hemos explicado antes, sino que es ayudado en gran parte por el otro derrumbe de todas las formas de convivencia y relación por las que los seres humanos se habían regido durante siglos.

La falta de religión o, dicho en otras palabras que abarquen más, el no sentirse parte de un todo más amplio y el no intuir un orden más elevado hacia el que uno camina, si bien de una forma misteriosa, puede traer como consecuencia el despertar el egoísmo de las personas, lanzándolas al disfrute desenfrenado de esta vida, aun pasando por encima del derecho de los demás; o puede sumirlas en una desesperación obcecante al ver que la vida es un callejón sin salida. El uso masivo de drogas entre la juventud y el índice de suicidios de ciertos pueblos nos dice claramente que este último peligro no es solo teórico.

Antes de terminar este capítulo, quisiera contestar una pregunta que seguramente estará en la mente de muchos cristianos y también de los fieles de todas aquellas religiones que están seguras de ser las depositarias del mensaje de Dios al mundo. Dijimos que aceptábamos el valor de la religión cuando esta se presentaba como una búsqueda de Dios. La pregunta lógica de un cristiano podría ser: «¿Por qué buscar a Dios, si ya lo poseemos?». Y nos podría añadir: «Lo que hace falta es ser fiel a sus mandatos».

He aquí funcionando lo que antes llamamos «punto de vista estrecho». Por un lado, se comete el pecado de soberbia de creer que ya «tenemos a Dios», que ya «conocemos su inefable voluntad» y que casi nada más podemos aprender acerca de Él. Por otro lado, se cae en la infantilidad de pensar que somos los privilegiados —los únicos— que conocemos «la verdad»; los otros tendrán que buscarla, pero ¡nosotros no!

A cualquier persona verdaderamente culta y sincera nos choca ver que todos los fieles de todas las religiones dicen lo mismo: «Los otros no saben; nosotros, sí». Procediendo con un estricto rigor lógico, esta curiosa actitud del ser humano da por lo menos algo que sospechar en cuanto a la capacidad humana de pensar y enjuiciar lo que se refiere al Más Allá. Esta difícil pregunta se la plantea la vida de igual manera a todas las personas en cuanto empiezan a tener uso de razón. Y se produce el fenómeno curioso de que las personas no reaccionan, como sería lógico, de acuerdo a su psiquismo particular, sino que, de una manera general, dan tenazmente —y a veces fieramente— en materia religiosa la misma respuesta que quienes los rodean. Uno se pregunta hasta qué punto la mente humana ve con claridad y escoge con libertad sus relaciones con Dios.

Confesamos que durante muchos años nosotros mismos tuvimos este punto de vista estrecho y juzgamos la vida siempre de acuerdo a los principios sagrados e intocables que nos habían enseñado. Y esto lo hacíamos no por pereza mental, y mucho menos por interés personal ninguno, sino por fidelidad, con todo lo que esta palabra significa, y por convicción; hoy día sabemos que el corazón convence más que la cabeza. Más tarde, aunque durante un muy breve período de tiempo, seguimos haciéndolo por miedo a enfrentarnos con Dios. Hoy no creemos en aquella fidelidad, no nos fiamos de aquella convicción y hemos perdido el miedo, porque hemos descubierto que el miedo no es el camino para llegar a Dios.

El lector se estará seguramente preguntando si todo esto tiene alguna relación con el fenómeno ovni. La tiene y muy directa. Parte de las muchas horas de reflexión y estudio que nos hemos impuesto para ensanchar nuestro punto de vista estrecho las hemos dedicado a la investigación de las religiones a través de los siglos. Y nos hemos encontrado con el fascinante hecho de que en los orígenes de la mayoría de ellas están presentes, sin lugar a dudas, y desafiando a todas las interpretaciones de los eternos incrédulos y rutinarios, no solo los vehículos del espacio, sino sus tripulantes. En el capítulo de la anteprehistoria tratamos de pasada este tema desde un punto de vista estrictamente histórico. Aquí quisiéramos ahondar un poco más en él, enfocando su aspecto religioso.

En primer lugar, no tenemos que olvidamos que los libros en los que veíamos descripciones detalladísimas de vehículos espaciales, y de una manera específica en los Vedas, además de ser antiquísimos, son libros religiosos: son los libros sagrados

—igual que nuestra Biblia— de donde han sacado sus esencias el hinduismo y el budismo, las dos religiones que durante tantos siglos han tenido y tienen muchos millones de fieles. Pero no se trata solo de los Vedas; aparte de ellos, son no menos de quince las grandes epopeyas o escritos religiosos, independientes unos de otros y escritos en siglos distintos, en los que vemos relatos de fenómenos espaciales por el estilo. Y no solo se limitan a describirnos su vuelo majestuoso o multicolor, sino que nos narran los hechos de los seres que venían dentro de ellos. Automáticamente estos seres adquieren la categoría de «dioses» y los vemos mezclándose con las personas en casi todas las cosmogonías. Eran unos «dioses» que les ayudaban a conocer todas las ciencias, a fabricar sus instrumentos, a construir sus ciudades, a cultivar la tierra..., pero, sobre todo, les inculcaban ciertas normas de moral y de convivencia social. Eran unos dioses-reyes que a veces, sin explicación ninguna, pertenecen a un tipo racial totalmente diferente del de sus súbditos (Quetzalcoatl, Bochica, Gilgames, Viracocha, Rama)[19].

En cuanto a su origen, los textos, leídos de manera literal, no nos dejan el menor resquicio de duda: vinieron «del cielo», «de las nubes», «de las estrellas», «del espacio» y, en la mayoría de los casos, en «carrozas voladoras», en «discos de muchos ojos», en «globos de luz», en «pájaros de fuego» —de los cuales encontramos reproducciones en todo el mundo—, etc.

El hecho de que precisamente en los «libros» más antiguos que conserva la humanidad se hable con tal claridad de estos hechos tiene que hacernos reflexionar. Es muy acertado lo que Robert Coppel escribe en su libro *Las religiones*:

19 En Sudamérica se han encontrado restos de seres humanos que no pertenecen a ninguna de las razas conocidas. Lo mismo puede decirse de las enormes cabezas de piedra encontradas en las selvas centroamericanas: sus rasgos no pertenecen a las razas indias que pueblan desde hace milenios aquellas regiones.

Si lo maravilloso no estuviera reñido con una mente como la de la actual humanidad, que solo se mueve a impulsos del más exclusivista de los racionalismos, todos admitiríamos ya que, en efecto, hubo una especie de olimpo en la Tierra. Todas las leyendas antiguas hablan de una raza superior que, procedente de los espacios cósmicos, trajo a los hombres los principios culturales que hicieron grandes a las primitivas civilizaciones.

Por supuesto que es muy fácil tachar de leyendas en bloque todo lo que estos libros sagrados nos dicen, y en particular lo que nos dicen sobre los orígenes del ser humano sobre la Tierra y de la formación de las diversas culturas. Han pasado muchísimos años desde que tales cosas pasaron —muchas veces, en el alborear de las razas—, y, por otra parte, son de tal envergadura los hechos narrados —fantaseados, además, por unas mentes primitivas—, que cuando los tenemos delante de los ojos, nos negamos a darles crédito y los catalogamos como «leyendas».

Tal es, ni más ni menos, lo que ha sucedido con lo que Platón nos cuenta en «Critias», en «Timeo» y en «Fedro» acerca de la Atlántida y de otros hechos extraños de la antigüedad. Cuando este sesudo filósofo nos habla de otras cosas, estamos dispuestos a oírlo y a escribir volúmenes sobre sus opiniones, pero cuando con la misma responsabilidad y ponderación nos cuenta lo que había oído de sus maestros antepasados, entonces se le da la espalda y se le rebaja la categoría de filosofillo e historiadorcillo, catalogándolo como un mero juglar repetidor de cuentos viejos. Ciertamente esto no es un método muy científico. Pero cualquier cosa se puede esperar de la mente humana cuando actúa bajo el prejuicio o el fanatismo.

¿Con qué razones válidas podremos negar autenticidad al papiro del tiempo de Tutmosis III, coincidente con la salida de los judíos de Egipto, en el que se narra la aparición de unos «círculos de fuego» en el cielo? ¿Cómo se atreve nadie a corregirle la plana al relato de Ramsés III esculpido en las ciclópeas paredes del templo de Medinet Habu? ¿Cómo es posible que se ignoren por completo todos los textos cuneiformes, las tablas de Ur y los libros más antiguos de la humanidad que nos hablan claramente en tal sentido? No queremos insistir de nuevo en este tipo de argumentación, pero la abundancia y la claridad de los testimonios es tal que lo menos que puede hacer ante ellos una mente libre de prejuicios es sembrar un poco de duda.

Otra de las «casualidades» extrañísimas es que cuando nos ponemos a hacer averiguaciones acerca del origen de las religiones precolombinas, nos encontramos con los mismos «seres venidos del espacio» y con descripciones en todo semejantes a aquellas de los antiguos libros indios. Es cierto que en América no existen tantos documentos escritos, pero en los pocos que tenemos aparece con la misma claridad la intervención de los extraterrestres.[20] Ejemplo de ello son el Popol Vuh y el Chilam Balam centroamericanos. Y si de tradiciones se trata, las recogidas por los españoles a su llegada a América, y más tarde por muchos otros investigadores, no hacen más que confirmar en todos sus detalles lo que ya habíamos oído en el Medio Oriente y Asia.[21]

Y ¿por qué la Biblia no dice nada de semejantes dioses-hombres? Dejamos la contestación de esta pregunta para el capí-

20 Sin embargo, se puede decir que América del Sur es mucho más rica en petroglifos que el resto del mundo. Toda la costa oeste desde el sur del Ecuador hasta el norte de Chile es un enorme archivo de restos pétreos de la anteprehistoria de la humanidad.

21 Entre los historiadores españoles del tiempo de la conquista y de la colonia que nos legaron más leyendas referentes a lo que estamos comentando se pueden citar a Garcilaso de la Vega, Bernal Díaz del Castillo, Jiménez de la Espada, Pedro Corzo, Cieza de León, Diego de Alcobasa, Cabegal, Francisco López... Los arqueólogos e investigadores que han estudiado y estudian los orígenes del hombre sudamericano son incontables. A sabiendas de que dejamos muchos por citar, estamos especialmente en deuda con Julio Tello, L. Taylor-Hansen, Marcel Homet, Cynthia Fain, Robert Charroux, Kutschev, Johan A. Manson, Alexander Katsansev, Agrest, Hyatt Verill, Posnansky, Pierre Honoré, Jirov, J. Bird, Ferguson, Velarde, Hiran Bingham, Ladislao Netto, Frot, Bernardo da Silva, Frank Edward y Ralph Bellamy.

tulo en que específicamente tratamos de la Biblia, y acabemos este dando una visión de conjunto sobre las religiones de los hombres.

John T. Robinson, el obispo anglicano autor del famoso libro *Honest to God*, dice en su otro libro *But that I can't believe!*: «Si Jesucristo significa alguna cosa, significa esto: que Dios es de este mundo». No estoy de acuerdo con él, ya que me parece que su afirmación es demasiado ingenua. Yo diría más bien que si Jesucristo significa algo, significa esto: que Dios no se ha olvidado de este mundo. Los hombres extraordinarios que a lo largo de la historia humana —la conocida y la desconocida— le han recordado a la humanidad que hay todavía mucho más que esperar que el paso por la vida es como un esfuerzo más en la ascensión a una alta cumbre, son mensajeros de Él. Ellos y los que los oyen, como seres imperfectos y en formación, tienen defectos, y por eso no tienen que extrañarnos tantos errores, tantas alucinaciones, tantos caminos equivocados.

Los cristianos podrán ver una prueba de lo que digo en el pueblo hebreo, que, aun bajo la dirección inmediata de Dios, cometió tantos errores y tantas infidelidades.[22] Y por eso Dios no ha dejado de inspirar a lo largo de los siglos a personas extraordinarias o de enviar, usando términos bíblicos, «a sus hijos», que de acuerdo al lenguaje, a la mentalidad y a las costumbres de los tiempos y de los pueblos les recordasen a estos que el destino de la humanidad no termina en un túmulo, sino que está más arriba, tal como literalmente nos dice nuestra religión: en el cielo... Dejando un poco incierta la descripción de ese cielo.

22 En este particular de la «dirección inmediata de Dios» al pueblo hebreo, he cambiado drásticamente de opinión en los diez años que han transcurrido desde la primera edición de este libro. En otros trabajos posteriores he indicado las razones que me llevaron a cambiar de opinión.

9
BIBLIA Y EXTRATERRESTRES

No quisiéramos que la resistencia de algunos lectores a admitir la Biblia, o sencillamente nuestra interpretación de ella, influyese en el juicio que se hayan de hacer del conjunto de la obra. Por lo tanto, pediríamos al lector que admitiese este capítulo como un paréntesis en el que el autor expresa sus conjeturas y sospechas y se hace eco de las de otros investigadores.

Nos preguntábamos en el capítulo anterior por qué la Biblia no habla de estas cosas si tan importantes fueron en la antigüedad. Y por qué no nos habla de estos dioses-hombres si tanta influencia tuvieron en el inicio de las religiones y las culturas.

Estas preguntas resumen la prejuiciada manera de pensar que impide, al que la tiene, llegar a la verdad, cegándole para no ver los hechos o para no saber interpretarlos. Porque la verdad es que la Biblia habla en muchas ocasiones y de muy diversas maneras de hechos y personas que tienen una estrecha relación con todo el mundo extraterrestre. En concreto, la Biblia habla clarísimamente de seres superiores, extraños a la raza humana, que se mezclaron con ella.

Antes de entrar en materia, queremos dejar constancia de que el tema de este capítulo es de tal interés y trascendencia que merecería un libro aparte, ya que, de ser ciertas las sospechas que aquí apuntamos, un cristiano con un poco de lógica no tendría más remedio que replantearse de nuevo todo el conjunto de su fe, en su contenido y, sobre todo, en su forma. Y de no ver tal necesidad, no habría más remedio que llegar a la conclusión de que su mente y su alma están sumidas en un triste letargo.

Comencemos con los famosos versículos del Génesis en los que se habla de los «hijos de Dios». Leemos en el cap. 6, versículos 1 y 2: «Cuando los hombres se habían multiplicado sobre la Tierra y habían procreado hijas, viendo los hijos de Dios que las hijas de los hombres eran hermosas, escogieron de entre ellas por mujeres a las que quisieron». Lo primero que tenemos que notar es que esto se narra precisamente en el Génesis, cuando se refieren los orígenes del mundo y del género humano. No se cuenta posteriormente como una leyenda o creencia antigua, sino que se narra como historia y se coloca en el sitio que cronológicamente le corresponde.

Es curiosísimo ver cómo a lo largo de los estudios bíblicos este texto del Génesis ha constituido un verdadero rompecabezas para todos los exégetas a partir de los Santos Padres. No saben qué hacer con él y los más sinceros confiesan que no se imaginan lo que quiso significar Moisés al decir los «hijos de Dios». Instamos al lector a que abra por sí mismo cualquier Biblia y lea el extraño texto, pensando que este texto lleva ahí, como palabra sagrada, bastante más de tres milenios, sin que los seres humanos parezcan haberse dado por enterados. E instamos, asimismo, al lector a que continúe leyendo en el mismo libro del Génesis, cap. 6, vers. 4, y se pregunte qué significan estas palabras: «Por entonces, y también en épocas posteriores, cuando los hijos de Dios cohabitaron con las hijas de los hombres y estas tuvieron hijos, aparecieron en la Tierra los gigantes. Estos son los esforzados varones de los tiempos primeros, los héroes famosos». ¿Quiénes son estos gigantes? ¿Una leyenda o un mito más recogido por Moisés? De ninguna manera. Se han encontrado esqueletos de hombres gigantes en todos los continentes. Y no precisamente pertenecientes a individuos aislados, tal como sucede hoy.

En el norte de África se ha hallado un verdadero arsenal de espadas, lanzas y otros instrumentos, gastados por el uso, de tales dimensiones que para poder usarlos habría que tener por lo menos tres metros de estatura. Ahórreme el lector el trabajo de escribir los nombres de todas las localidades en donde se han encontrado semejantes restos y sepa que desde 2,50 metros hasta 6 metros y más tiene una amplia gama para escoger. Lástima que la ciencia oficial, que ha gastado tantas energías en lanzar hipótesis inseguras —pero que encajaban con sus teorías— sobre fragmentos de maxilares, se haya encogido de hombros ante estos sorprendentes hallazgos. En verdad, despreciar un «mito» fosilizado tiene muy poco de científico. Y más aún cuando es un «mito» de seis metros de largo, y en muchos casos con seis dedos en lugar de cinco.[23]

Si estos gigantes fueron reales, ¿por qué no habían de ser reales también los famosos «hijos de Dios» con los que la Biblia los relaciona? Y dando nosotros un paso adelante, ¿por qué no identificar a los «ángeles» que encontramos en la Biblia en determinadas misiones concretas con los famosos «hijos de Dios»? Lógicamente, estamos obligados a identificarlos, ya que la Biblia les llama así en varias ocasiones (Job 1, 6; 2, 1; 38, 7; Sal. 28, 1; 88, 7). De ser esto así, tendremos que empezar por cambiar radicalmente nuestra idea de la «pureza» y de la incorporeidad de los ángeles.

Hace ya muchos años, el conocido escritor católico francés Daniel-Rops escribió en la revista *Carrefour* un artículo muy comentado, que tituló: «¿Y si los tripulantes de los "ovnis" fuesen los ángeles?». Trataremos del problema de los ángeles más

23 Más citas sobre gigantes se pueden encontrar en la Biblia en los siguientes libros: Núm. 13, 33-34; Deut. 2, I0; 2, 21; 3, II; 2 Sam. 21, 19 y 20; 1 Par. 20, 5 y 6; 1 Sam. 17, 4; Sab. 14, 6; Bar. 3, 26, etc. Y es de notar que algunos de los restos de gigantes encontrados muy lejos del Oriente Medio tienen seis dedos, tal como nos dice la Biblia (2 Sam. 20).

adelante y veremos entonces de darle una solución a tan intrigante pregunta.[24]

Aparte de esta clara alusión en la Biblia a seres extraterrestres —que aparece mucho más clara en otros libros histórico-sagrados que gozaron de gran autoridad entre los hebreos y que no pertenecen hoy a la Biblia por no haber sido admitidos en el canon del concilio de Trento—, hay muchas otras circunstancias y hechos que nos infunden la sospecha de que la intervención de Dios con el pueblo hebreo no fue tan «sobrenatural» como se ha pensado hasta ahora.

Todo lo que a continuación referiremos no pasa, hoy por hoy, de ser una conjetura muy probable que poco a poco va cogiendo fuerza en la mente de muchas personas que, libres de prejuicios, se dedican con ahínco a esta investigación.

Un hecho que debe llamar poderosamente la atención a un investigador del fenómeno ovni es el medio de que Dios se valió para guiar a los israelitas por el desierto durante cuarenta años. Nos referimos a la famosa «nube», de la que leemos en el Éxodo, cap. 13, vers. 21-22: «Y el Señor iba delante de ellos por el día en una nube de forma de columna para indicarles el camino y por la noche en una columna de fuego para iluminarlos». Asimismo, leemos en el Libro de los Números, cap. 9, vers. 16-18: «Así sucedía constantemente. De día lo cubría la nube y de noche la nube parecía de fuego. Cuando la nube se

---

24 En este campo de cosas extrañas en los primeros libros de la Biblia, nunca nos hemos podido explicar por qué Dios «escogió» la circuncisión como señal distintiva para su pueblo (Gén. 17, 10) cuando la circuncisión no es exclusiva del pueblo de Israel y ya antes que él otros pueblos la usaban; es una señal ni muy visible ni muy estética precisamente, y además no está muy de acuerdo con la pudibundez exagerada que, según los moralistas, ese mismo Dios exige en nuestro tiempo. ¿No podremos ver en la circuncisión, lo mismo que en muchas abluciones rituales, un ejemplo más de sacralización —o de sublimación— de algo puramente natural, implantado no por Dios, sino por alguien que quería enseñar higiene al pueblo hebreo? Pero ¿quién fue ese «alguien»? ¿Sería también uno de aquellos seres extraños de los que tratamos al final de este capítulo?

elevaba del tabernáculo, partían los hijos de Israel, y cuando se detenía la nube, allí acampaban los hijos de Israel». Podríamos citar alrededor de diez pasajes por el estilo.

Lo primero que nos invita a la reflexión es la forma o el disfraz que adopta Dios. En verdad, ni una columna ni una nube son signos muy apropiados para representar la persona y la majestad de Dios. Pero aparte de esto, y con la fidelidad más absoluta al texto de la Biblia, debemos confesar que nos causa mucha extrañeza la gran importancia que este fenómeno meteorológico tiene en la Biblia en las relaciones entre Dios y los hombres.

En efecto, es muy frecuente encontrar alguna clase de «nube» cuando Yahvé quiere comunicarse con su pueblo, y esto no solo en el Pentateuco, sino a lo largo de todo el Antiguo Testamento y también del Nuevo Testamento. Una nube es con frecuencia el medio que Dios tiene para transmitir algún mensaje importante. Se podría citar una larga lista de textos para probarlo. Sin embargo, la nube, por excelencia, fue la que ayudó a huir al pueblo hebreo de Egipto, la que cubrió el monte Sinaí en la promulgación de la Ley, la que dividió las aguas del Mar Rojo y desde la que se hacía descender el maná cada mañana. Esa nube los acompañó durante cuarenta años en su peregrinar por el desierto, de tal manera que llegó a convertirse para el pueblo hebreo en algo connatural a su nación. De hecho, vemos que años más tarde, muerto ya Moisés, se vuelve a citar la «nube» con toda naturalidad como protagonista de algún suceso extraordinario, o sencillamente apareciendo majestuosa sobre el templo de Salomón en Jerusalén (I Reyes 8, 10-11; 11 Paralip. 7, 1-13).

Sin embargo, ateniéndonos al relato bíblico, parece que la nube se dejaba ver esporádicamente, aunque no con tanta frecuencia como cuando los dirigía por el desierto. En tiempos de Ezequiel, unos ochocientos años después de Moisés, se retiró por un tiempo como castigo a las prevaricaciones del pueblo israelita (Ez. 11, 22), pero volvió cuando estos se arrepintieron y restauraron el templo (Ez. 43, 2).

Los autores bíblicos la llaman de muchas maneras y se refieren a ella bajo muy diversos nombres: «nube de fuego y humo» (Ex. 14, 24); «columna de nube», «columna de fuego» (Núm. 14, 14); «mi ángel» (Ex. 22, 23; 32, 34); «el ángel de Dios» (Ex. 14, 19), o sencillamente «un ángel» (Ex. 23, 20) o «El Señor» (Ex. 13, 21; 14, 24). Pero las formas más comunes de llamarla es «la nube» y «la gloria de Yahvé».

No negamos que las consideraciones que hagamos en todo este capítulo acerca de lo que nos dice la Biblia pueden ser demolidas por todos los teólogos desmitologizadores —con Bultman a la cabeza—, basados en su teoría. Pero a su teoría le pasa lo mismo que a las leyendas bíblicas que ellos intentan desmitologizar: contiene un grano de verdad rodeado de mucha fantasía. La teoría desmitologizante contiene algo de verdad, pero no se puede llevar hasta el extremo a que han querido llevarla algunos de sus cultivadores.

En la Biblia, como en todo libro y creencia milenaria, hay mucho material que es mítico. Pero cada vez estamos más convencidos de que no solo en la Biblia, sino en toda leyenda, por extraña o disparatada que parezca, hay un fondo de verdad. Podríamos decir que hay un hueso histórico al que la fantasía ha rodeado de carne «fantástica». Esto lo explica muy bien el obispo John A. T. Robinson en su libro *But that I can't believe!*:

> Los antiguos griegos decían que la Tierra era transportada en las espaldas de un superhombre llamado Atlante. Era su manera de decir que la Tierra no era un astro independiente en el espacio. Esto lo sabemos también nosotros, pues sabemos que la Tierra se rige por la atracción solar.
>
> Pero el mito de los antiguos decía algo de verdad. Sin embargo, lo decía en un lenguaje que ya no es apto para comu-

> nicar la verdad al hombre moderno y, por lo tanto, corre el riesgo no solo de no comunicársela, sino de escondérsela.
>
> Lo mismo se puede decir de la verdad del cristianismo...

Y añadimos nosotros que lo mismo se puede decir de la verdad de muchas «leyendas» de la Biblia. Sin duda, este capítulo no tendrá sentido para los desmitologizadores radicales, pero sí lo tendrá para todos aquellos que admiten la Biblia como un libro histórico, con todas las limitaciones que pueda tener.

Pero volvamos a nuestras consideraciones sobre la «nube». Una investigación sobre su conducta y propiedades tan extraordinarias podría llenar muchas páginas. ¿Por qué esta nube llama tanto la atención de un investigador del fenómeno ovni? Sencillamente, porque vemos en ella ciertas cualidades y circunstancias que nos hacen recordar inmediatamente otras semejantes observadas en los ovnis que actualmente nos visitan, y que están suficientemente probadas no solo por el testimonio de miles de personas fidedignas, sino por aparatos electrónicos y cámaras fotográficas.

En primer lugar, la forma y apariencia externa de la «nube». Es de todos conocida la forma alargada —a veces de dimensiones muy considerables— que tienen algunas de las naves nodrizas. No solo nosotros somos en la actualidad testigos de esto, sino que ya hemos visto cómo los romanos nos decían que algunos de los objetos aéreos extraños vistos en su tiempo tenían la forma de *trabes* (vigas). Ya hemos dicho también cómo estas naves en forma de puro o huso tienen la propiedad de emitir en torno a ellas una especie de gas o cuerpo filamentoso que las hace coger la apariencia de nube al desdibujar sus contornos. Aunque para avanzar suelen hacerlo con más frecuencia en posición horizontal, cuando se detienen se las ha visto a menudo adoptar la posición vertical. (Existe por lo menos una fotografía en que se ve una nave de este tipo en posición vertical en el momento en que deja salir de ella varios «platillos» que luego se dispersan en diversas direcciones). Por la noche es común en los ovnis emitir una luminosidad muy fuerte y peculiar; por lo tanto, una nave nodriza en posición vertical tiene, por lógica, que verse como una «columna resplandeciente» o «columna de fuego».

Pero no son estas las únicas semejanzas que hallamos entre la «nube» y nuestros «ovnis». Según la Biblia, la «nube» no se limita a guiar, dar sombra y alumbrar por la noche el peregrinar del pueblo hebreo; su conducta era muy polifacética y servía muchos otros fines.

He aquí algunas de sus cualidades: dos veces por lo menos dejó caer una lluvia de codornices; cada mañana, seis días a la semana, dejaba caer el maná del que se alimentaba todo el pueblo; a veces provocaba un impetuoso viento, acompañado de fragor como de truenos y rayos, únicos rasgos de una nube ortodoxa; en varias ocasiones la vemos causando una gran oscuridad en pleno día. Dejando a un lado los dos primeros fenómenos, más difíciles de explicar, en la obra de Jacques Vallée encontramos la descripción de un ovni visto por dos hombres el 2 de noviembre de 1957 en la carretera 116 de Texas (EE. UU.), que coincide con algunas de las características de la «nube» arriba apuntadas. El ovni era ruidoso y producía un gran viento, al mismo tiempo que generaba una ola de calor que se sentía a distancia

Son también dignos de notar varios fenómenos que parecen provenir de alguna radiación que procedía de la «nube». En primer lugar está el resplandor que emitía la .cara de Moisés cuando bajó de la montaña después de haber estado en ella cuarenta días. Aunque de una manera confusa, el Éxodo (34, 34) nos habla del cuidado que él tenía —cuidado que vemos más tarde en Elías cuando estaba en un trance parecido: I Re. 19, 13— de cubrirse o descubrirse la cara cuando hablaba con Yahvé y con el pueblo. La «lepra» de María, la hermana de Moisés —que le duró una semana— es otro fenómeno que tiene mucha relación con afecciones semejantes padecidas por individuos que se han acercado a ovnis. He aquí cómo lo narra la Biblia (Ex. 12): «... Dijo Yahvé a Moisés, Aarón y María: "Id los tres a la tienda de la reunión". Una vez ellos allí, descendió Yahvé en la columna de nube y, poniéndose esta a la entrada de la tienda, llamó a Aarón y a María. Salieron ambos de la tienda y Yahvé les dijo: "¿Cómo os habéis atrevido a difamar a mi siervo Moisés?". Y encendido en furor contra ello, se fue Yahvé. Apenas se había retirado de la tienda la nube, cuando María apareció cubierta de lepra».

Es también muy curioso el hecho de que Moisés, en vez de poner la tienda en la que él hablaba con Yahvé —sobre la que descendía la «nube»— en medio del campamento, la colocaba siempre fuera y él solo entraba en ella mientras el pueblo observaba desde lejos cómo descendía la «nube». Aquí aparece otra similitud entre esto y algo que conocemos de algunos ovnis: personas que han intentado acercarse a alguno de estos aparatos han sentido como una intensa radiación que se traducía en un fuerte malestar instantáneo o dolores de cabeza al poco tiempo.

Por otro lado, sabemos de la prohibición de acercarse a la nave espacial —por el peligro de recibir un daño mortal— hecha por parte de extraterrestres a personas con las que estaban en contacto. Leemos en el libro del Éxodo (19, 12) la admonición de Yahvé a Moisés: «Tú marcarás al pueblo un límite diciendo: "Guardaos de subir a la montaña y de tocar el límite, porque quien se acercare a la montaña [sobre la que estaba la *nube*], morirá". [...] Al tercer día por la mañana hubo truenos, relámpagos y una densa nube sobre la montaña, y un fuerte estruendo como de trompetas, y el pueblo temblaba en el campamento [v. 16]. Yahvé dijo a Moisés: "Baja y prohíbe terminantemente al pueblo que traspase el término marcado... no sea que vayan a perecer muchos de ellos"» (v. 21). Esta prohibición se repite todavía varias veces más: «Que no suba nadie contigo, ni esté nadie en ninguna parte de la montaña, ni oveja ni buey pasten en la montaña» (Ex. 34, 3). No solo eso, sino que en algunas ocasiones, cuando la «nube» se cernía sobre el tabernáculo, ni el mismo Moisés podía entrar en él.

Por último, una circunstancia curiosa que añade aún más sospechas es la esquivez de Yahvé para no dejarse ver. Aunque en varias ocasiones leemos que Moisés veía a Dios y habla con Él «cara a cara», sabemos que no era así al pie de la letra: «Contestó Yahvé: "Mi faz no la verás, porque el hombre no puede verla y vivir". Y añadió Yahvé: "He aquí un lugar cerca de mí; tú te pondrás sobre la roca. Cuando pase mi gloria, yo te pondré en la hendidura de la roca y te cubriré con mi mano mientras paso; luego retiraré mi mano y me verás las espaldas, pero mi rostro no lo verás"» (Ex. 33, 18-22). Sin duda, esta es una extraña manera de hablar y de actuar. Los desmitologizadores tendrían aquí algún trabajo que hacer, sin duda. Pero de todo esto podemos sacar la idea clara de que las apariciones de Yahvé a Moisés no eran tan puramente espirituales y simples como habíamos creído.

El máximo de nuestras sospechas en este particular se da cuando un tal Oza (2 Sam. 6, 6-7), viendo que el «arca de la alianza» iba a caerse del carro en que era transportada, instintivamente le echó una mano para aguantarla. Cayó muerto fulminantemente y la Biblia no nos oculta el desagrado que sintió David de que Yahvé hubiese obrado de aquella manera tan drástica con un hombre bueno y piadoso como Oza.

Es de notar que este arca, toda recubierta de oro por dentro y por fuera, con unas varas largas del mismo material para su transporte, era lo que servía de altavoz a Yahvé para hablar con Moisés y para hacerse a veces oír por todo el pueblo. Algunos autores han hecho suposiciones acerca de las posibles propiedades eléctricas del arca en la que las antenas podrían ser las largas varas, las cuales Moisés dejó terminantemente estatuido que «nunca sean sacadas de las argollas» que las sujetaban al arca (Ex. 25, 15). Tales suposiciones no dejan de ser ingeniosas, aunque hoy día distemos todavía mucho de estar seguros de su objetividad.

En el Nuevo Testamento vemos aparecer de nuevo la famosa «nube», bien en su forma nocturna resplandeciente, bien en su forma diurna de nube baja y destacada del cielo. Su aparición se realiza en tres circunstancias cruciales en la vida de Cristo: el nacimiento, la transfiguración y la ascensión. Leemos en S. Lucas (2, 8-10): «Había en la región unos pastores que pernoctaban a la intemperie... y la gloria del Señor los envolvió con su luz». A propósito de la transfiguración, leemos en S. Mateo (17, 5): «Aún estaba él hablando cuando los cubrió una nube resplandeciente...». Y, por fin, leemos en los Hechos de los Apóstoles (1, 9), con referencia a la ascensión: «Mientras decía esto, fue arrebatado a la vista de ellos y una nube lo sustrajo a sus ojos».

Otra de las circunstancias que hace sospechosas estas «nubes» es la de que por lo general su presencia en los cielos es simultánea con la aparición de ángeles, de seres de apariencia extraña. En los tres últimos ejemplos citados del Nuevo Testamento el lector podrá comprobarlo por sí mismo si continúa leyendo los textos aducidos.

Quisiéramos hacer unas breves consideraciones sobre dos personajes extraordinarios del Antiguo Testamento: Moisés y Elías. Aunque vivieron con varios siglos de diferencia, presentan unas cualidades que a la par que los hacen bastante semejantes entre sí los distinguen no poco de los otros personajes del Antiguo Testamento. En cuanto a Moisés, basta leer el Pentateuco para convencernos de que estamos ante un hombre fuera de serie. Un rasgo común a los dos parece haber sido la facultad de ponerse fácilmente en contacto con poderes extraterrestres o extranaturales y la de gozar de ciertos conocimientos[25] o facultades a las que no llegaban los demás mortales. En términos modernos, podríamos decir que ellos eran dos extraordinarios médiums. Otra circunstancia común es la de haber desaparecido ambos de este mundo de una forma extraña.

De Elías es famoso su rapto a los cielos en el «torbellino de fuego», tal como se nos narra en el capítulo 2 del segundo libro de los Reyes, en el cual no hace falta mucha imaginación para ver, o por lo menos sospechar, algún tipo de «ovni». No es una suposición demasiado descabellada, sobre todo cuando se conoce la familiaridad que el profeta tenía con seres superiores (I Re. 18, 44; 19, 5; 19, 11; II Re. 1, 3; 1, 5), sin que falten las «nubes» y los «torbellinos resplandecientes», y cuando se sabe que ser transportado por los aires en él era una cosa bastante común, a juzgar por la naturalidad con que la Biblia narra semejantes hechos (1 Re. 18, 12; 11 Re. 2, 3; 2, 5; 2, 16).

En cuanto al fin de Moisés, si bien su muerte se nos narra de una forma natural, otras circunstancias hacen sospechar que en ella hubo algo que no es común. Leemos en Deut. 34, 5-12 que «cuando murió, ni se habían debilitado sus ojos ni se había mustiado su vigor», y que «Yahvé mismo fue el que lo enterró... sin que nadie hasta hoy conozca su sepulcro». Por otra parte, entre el pueblo hebreo siempre se conservó la tradición de un Moisés vivo, aun después de su muerte aparente, tal como nos lo demuestra el libro *La Asunción de Moisés*, tenido en gran consideración por los hebreos, pero que no fue admitido como «libro sagrado» en el concilio de Trento, lo mismo que tampoco fue admitido el curioso *Libro de Enoc*, en el que se narra algún interesantísimo contacto de este patriarca con seres no de este mundo, y que, por otro lado, distaban

25 Según Paul Misraki (*Los extraterrestres*, cap. V), el «agua» con que Elías roció la ofrenda a Yahvé en presencia del rey y de los sacerdotes de Baal, con la que logró que un fuego «sagrado» la devorase, fue ni más ni menos que petróleo, que hoy como entonces es muy abundante en aquella región.

mucho de la incorporeidad o pura espiritualidad que de ordinario se les atribuye a los ángeles.

Otra cualidad común y curiosa de estos dos personajes es haber sido precisamente ambos quienes aparecieron hablando con Cristo en la transfiguración de este, que, tal como dijimos, es uno de los episodios del Nuevo Testamento en los que vuelve a hacer su aparición una «nube». Leyendo en los Evangelios el episodio de la transfiguración, notamos por lo menos once circunstancias que hoy día son bastante frecuentes en las apariciones de ovnis y que pueden verse descritas en libros que tratan de este tema y que prescinden por completo de lo religioso. He aquí estas circunstancias, que el lector podrá verificar por sí mismo en el texto evangélico (Lu. 9, 28-36):

- Vestidos blancos y/o resplandecientes.
- Monte alto; lugar apartado.
- Aparición de algo que parece una nube; impresión de ser envueltos en la nube.
- Somnolencia o cargazón de cabeza de quienes participan en el fenómeno; prohibición de hablar de ello.
- Aparición de seres extraños; desaparición rápida o repentina de estos.
- Algún género de telepatía (Pedro, Juan y Santiago, antes de que nadie les hubiese dicho nada, supieron quiénes eran aquellos personajes).

Admitimos que al señalar estas circunstancias estamos pisando un terreno mucho más resbaladizo del que hemos pisado hasta ahora, pero procedemos con toda honradez al señalar nuestras sospechas y al presentarlas como tales.

En el profeta Ezequiel es clásica su descripción detallada de un ovni —aunque fantaseada o glorificada—, en la que hay detalles tan concretos y curiosos como el detalle de las ventanillas, a las que el profeta describe diciendo: «... y las llantas de las ruedas estaban todas en derredor llenas de ojos» (Ez. 1, 1-28).

Quisiéramos ahora decir algo de lo mucho que se puede decir acerca de los ángeles, tanto en el Nuevo Testamento como en el Antiguo Testamento, donde son citados más de doscientas veces. Repetimos la advertencia de que todo esto no tendrá sentido para aquellos que explican todo, o gran parte del material bíblico, como mitos y leyendas; en cambio, sí puede hacer reflexionar a quienes admiten la Biblia por lo menos como libro histórico y mucho más a quienes la admiten como la palabra de Dios, con tal de que tengan la mente libre de prejuicios y los ojos abiertos para saber leer lo que al pie de la letra dicen los textos.

Confesamos que no es nada fácil hacerse una idea clara de cuál es la realidad total que está detrás de las extrañas apariciones de estos misteriosos seres, que, de una manera u otra, vemos interviniendo directamente en el desarrollo de la religión judeocristiana por espacio de más de cuatro mil años y que lo venían haciendo antes con la raza humana, a juzgar por lo que de ellos nos cuentan los versículos del Génesis.

Una cosa que llama mucho la atención cuando se leen los textos originales de los primeros libros de la Biblia es encontrar de manera repetida, refiriéndose a Dios, el plural en lugar del singular: «Elohim», es decir, «los señores», «los señores poderosos», «los dioses». Esto es del todo ilógico en un pueblo que precisamente se diferenciaba de los demás —y hacía en ello gran hincapié— por su monoteísmo. Sin embargo, la solución a este enigma la da la misma Biblia, pues a lo largo de ella encontramos a los diversos autores de los diferentes libros hablando indistintamente, a veces de una manera confusa, de Dios o de sus ángeles o mensajeros. Aunque por una parte se quiere hacer ver que quien hablaba desde el monte Sinaí era el mismo Dios, en numerosos pasajes la Biblia se nos dice sin embargo que fue el Ángel del Señor, o sencillamente los ángeles, los que entregaron las tablas a Moisés.

Unos catorce siglos más tarde, oímos a Esteban, el protomártir del cristianismo, decir a los judíos que lo sentenciaban que «un ángel se le apareció a Moisés en el Sinaí fuego de llama» (He. 7, 30; 7, 35; 7, 38).

El siguiente pasaje de la vida de Abraham podría ser como una síntesis de la confusión en la manera de expresarse los autores bíblicos con relación a este punto: «Aparecióse Yahvé un día en el encinar de Mamré. Estaba sentado Abraham a la puerta de la tienda a la hora del calor y, alzando los ojos, vio parados cerca de él a tres varones. En cuanto los vio, se postró en tierra, diciendo: "Señor mío, si he hallado gracia a tus ojos..."» (Gén. 18, 1).

Si en la actualidad a los ángeles, en el campo de la nueva teología, se les recortan atribuciones y hasta se les niega la existencia, sin embargo en el campo de la ovnilogía hay un creciente interés en estos personajes por el hecho de ver en ellos una clave que nos puede ayudar a descifrar no solo el actual y complejo fenómeno ovni-extraterrestre, sino el complejísimo y mucho más trascendental fenómeno de la existencia humana, de su razón de ser y de su fin.

Basados en las palabras de la Biblia, tenemos muchas razones para creer que los ángeles no son aquellos seres etéreos, místicos, alados —la Biblia pocas veces nos los presenta con alas— y a duras penas reales, tal como durante siglos han estado en la mente del pueblo cristiano, sino que, por el contrario, tienen una existencia muy concreta y son unas personas a las que podríamos llamar de carne y hueso.

A lo largo de la Biblia no siempre los vemos representando directamente a Dios o apareciéndose de una manera imponente a las personas, sino que en numerosas ocasiones los vemos sencilla y hasta inexplicablemente mezclados con ellas, ayudándolas en sus combates (macabeos), liberando a alguien de una prisión injusta (san Pedro), ayudando en asuntos familiares (Tobías), peleándose inexplicablemente con un santo varón (Jacob) y hasta dándole una paliza a un intruso que quiso robar los tesoros del templo de Jerusalén (II Mac. 3, 25). Leyendo sus muchas actuaciones en la Biblia, uno adquiere de ellos una idea muy diferente de la tradicional.

¿Por qué dijimos antes que los ángeles pueden ser una clave para explicar el problema de los ovnis? Precisamente por su relación, tanto en el Antiguo Testamento como en el Nuevo Testamento, con las famosas «nubes» de las que fundamentalmente sospechamos que son naves espaciales. Además de esto, por su forma de actuar, que en muchas cosas —incluidas cosas ilógicas— es semejante a la forma de actuar de los ovnis de hoy, que conocemos bien. Y, por fin, porque en alguna ocasión vemos que son los causantes de algo que tiene muy poco de místico y sí, según auténticos científicos actuales, mucho de físico o atómico, que, por otras fuentes, sabemos que está muy en relación con lo extraterrestre.

En el capítulo 9 de los Hechos de los Apóstoles, después de leer cómo san Pablo fue «repentinamente rodeado de una gran luz venida del cielo», leemos que se quedó sin vista por espacio de tres días. De la misma manera, los dos ángeles, bajo la forma de dos apuestos jóvenes que tentaron las pasiones aberradas de los habitantes de Sodoma, se defendieron de sus atacantes «dejándolos ciegos» (Gén. 19, 11). Pues bien, en unos cuantos casos en los que personas se han aproximado demasiado a vehículos espaciales, o incluso los han hostigado, sabemos que la defensa de estos ha consistido en cegar temporalmente a los intrusos o en hacerles padecer algún tipo de lesión en la vista.

Hechos por el estilo, bíblicos y actuales, entre los que hay un paralelismo innegable, se podrían citar, y muchos, aunque hay que reconocer que entre estos y los dos relatos bíblicos citados hay miles de años de distancia.

Sin embargo, entre el actual valle —estudiado por el físico y matemático Dr. Michail Agrest— en que, según todas las probabilidades, estaban situadas Sodoma y Gomorra, y las Sodoma y Gomorra que nos describe la Biblia, no hay distancia ninguna, ya que se trataba de las mismas ciudades y del mismo valle. Pues bien, la ciencia actual dice que en aquel valle hubo hace miles de años una explosión de tipo atómico que vitrificó el terreno de la misma manera que lo hacen nuestras bombas atómicas en la actualidad, y que por efectos de la radiación intensa esterilizó a perpetuidad el valle, convirtiéndolo en el desierto actual.

¿Y quién causó semejante cataclismo? Los capítulos 18 y 19 del Génesis nos explican sin rodeos que fueron dos o tres ángeles o «varones» que se aparecieron a Abraham y que le anunciaron que tendría un hijo. Al acabar de hablar con él, dos de ellos se dirigieron a Sodoma a avisar a Lot para que se pusiese a salvo, «porque vamos a destruir este lugar»... Indudablemente, estos ángeles ni tenían alas ni eran demasiado místicos.

Hechos como este, en los que el relato bíblico está materialmente de acuerdo con lo que nosotros podemos comprobar con nuestros sentidos, son los que llenan de estupor y nos ponen a pensar si las radicales teorías desmitologizantes no serán un mito más, y si muchos dogmas y creencias tradicionales no serán una herejía contra la simple realidad de los hechos.

Examinemos brevemente las intervenciones de ángeles en la vida de Cristo.

Un fenómeno en el que parecen especializarse tanto los ángeles como algunos de los modernos visitantes del espacio es el de la predicción de futura descendencia, sobre todo a esposos que tienen pocas esperanzas de ello. Podríamos citar varios casos modernos, alguno conocido muy de cerca. En cuanto a la Biblia, son muy conocidos los casos de Abraham y Sara (Gén. 18), de Zacarías e Isabel (Lu. 1, 5-25) y, sobre todo, la aparición del ángel Gabriel a María anunciándole que sería madre del Mesías. Este ángel nos era ya conocido del Antiguo Testamento por haber intervenido con el profeta Daniel, y parece que es uno de los tres que gozan de rango superior en todo este mundo de personajes extraños.

Como ya dijimos antes, los ángeles tienen unas intervenciones muy oportunas a lo largo de toda la vida de Cristo, ya que los vemos en momentos cruciales de ella. Aparte de la ya citada en su anunciación a María, los vemos en el nacimiento, en el bautismo, en la pasión —oración del huerto—, en la resurrección, en el sepulcro vacío y en la ascensión, además de las muchas referencias que Cristo hace de ellos. En la ascensión, su presencia está inmediatamente relacionada con una nube (He. 1, 9-10) que, a juzgar por las circunstancias, debió ser de muy especiales características.

En la muerte y resurrección de Cristo observamos los consabidos fenómenos de conmoción de la naturaleza a que tanto estos personajes como la «nube» nos tienen acostumbrados en el Antiguo Testamento.

Una última consideración acerca del bautismo de Jesús (Mat. 3, 13 y sig.). Si bien en él no hay «nube», hay sin embargo el consabido fenómeno de «abrirse los cielos» y, sobre todo, se escuchan las mismas palabras que más tarde se escucharán en la transfiguración y que provendrán precisamente de una «nube resplandeciente». Pero los ángeles hacen su aparición inmediatamente después en el retiro de cuarenta días en el desierto, al que Cristo «fue transportado» (Lu. 4, 1, y Mat. 4, 1).

Detengámonos un poco en estas tentaciones de Cristo en el desierto, porque tenemos la sospecha de que pueden encerrar la clave para deducciones trascendentales. En ellas aparece en escena un nuevo tipo de ángel del que hasta ahora no habíamos hablado: el ángel malo, o demonio, bien conocido por el pueblo cristiano.

La tradición y la teología cristianas nos presentan a estos ángeles malos como rebeldes a la autoridad de Dios. Vemos a

Satanás en forma de serpiente, tentando a Adán a la desobediencia, lo vemos a lo largo de todo el Antiguo Testamento resistiendo la obra de Dios con el pueblo hebreo e instando constantemente a este a apartarse de la fidelidad a los mandamientos de Yahvé. En el Nuevo Testamento lo vemos continuar su obra de instigador de la desobediencia y, sobre todo, distinguimos en él una gran curiosidad e intranquilidad acerca de la persona de Cristo.

Las tentaciones del desierto que Lucas nos describe en el cap. 4 son una prueba de esto. En ellas vemos a Satán todavía dudoso acerca de la autenticidad de Cristo como Mesías. De hecho, lo oímos decir repetidamente: «Si eres Hijo de Dios...». Más tarde, en la vida de Cristo, ya parece haber superado su duda cuando por boca de los posesos le grita de manera reiterada: «¿Qué tenemos que ver contigo, hijo de Dios? ¿Has venido a atormentarnos antes de tiempo?» (Mat. 8-29). Según las Escrituras y la tradición, hubo una gran lucha entre los ángeles rebeldes, capitaneados por Luzbel, y los ángeles fieles, liderados por Miguel. San Judas nos habla en su olvidada epístola de una lucha específica entre estos dos colosos acerca de la posesión del cuerpo de Moisés (Ju. 9).

A lo largo de las Escrituras encontramos frases, a veces oscuras y con frecuencia de pasada, por las que podemos entrever que el demonio es, en realidad, el señor de este mundo. En la primera de las tentaciones de Cristo (Lu. 4, 6) vemos cómo el demonio se siente dueño del mundo: «Todo esto me ha sido dado y a quien yo quiera se lo doy». En varias otras ocasiones las Escrituras le llaman el «Príncipe de este mundo» (J. 12, 31). Este dominio consiste en hacer prevalecer en la conducta de los hombres, considerados en general, los principios que lo rigen a él mismo: resistencia a los principios de Dios y entronización de la mentira y la discordia en las relaciones de los hombres.

Si esto es, en realidad, lo que la teología y la Biblia nos quieren decir, está perfectamente de acuerdo con la realidad de la vida, con el caótico estado actual del mundo.

Todavía podríamos seguir dando más datos acerca de las múltiples actividades de los ángeles, pero llegados a este punto preferimos detenernos y tratar de encontrar una solución a todo este rompecabezas; no solo a la actividad de los ángeles en sí, sino a la relación que estos pueden tener con el fenómeno ovni-extraterrestre, con los habitantes de la anteprehistoria —de los que hablamos en el capítulo V— e incluso con los dioses de otras antiguas religiones.

Nos damos perfecta cuenta de que al hacerlo arriesgamos, por un lado, incurrir en las iras de los «dogmáticos», que nos llamarán profanadores de la Escritura, y por otro arriesgamos el sarcasmo de los incrédulos o de los «científicos», que nos llamarán no solo mitómanos, sino alucinados. Pero ya que ninguno de ellos tiene soluciones aceptables para tantos enigmas reales como la historia, la arqueología y la aparición de los ovnis, intentaremos nosotros, con toda modestia y sin miedo a sus críticas, hallar alguna solución a tantas incógnitas. Trataremos de deducir algunas cosas ciertas en medio de un mar de cosas dudosas y confusas. Sabemos que es tarea arriesgada y difícil, en la que nos podemos equivocar fácilmente. Pero por lo menos intentamos buscar la luz cuando otros ni han caído en la cuenta de que están ciegos.

Bien, hasta ahora hemos revuelto en los escombros de la arqueología y de la historia bíblica y profana, y hemos expuesto muchos datos sueltos como piezas rotas e inconexas de un enorme y viejísimo mosaico. De entre ellas hemos sacado unas cuantas que nos parecían auténticas y útiles para intentar en lo posible una restauración del cuadro original. Esa difícil labor de síntesis es la que trataremos de hacer, aun con muchos interrogantes en nuestra mente, en los últimos párrafos de este capítulo:

- Dijimos al principio del capítulo que sospechábamos que la intervención de Dios con el pueblo hebreo no había sido ni tan inmediata ni tan «sobrenatural» como nos habían hecho creer. Al final pensamos que nuestra sospecha se acrecienta. A juzgar por muchos pasajes de la Biblia, cuando los hebreos creían que era Dios directamente el que hablaba y actuaba a través de la naturaleza, en realidad eran sus mensajeros. (No excluimos una intervención del Ser Supremo en la conciencia de cada una de las personas, pero esta intervención tiene que ser despojada de toda inmediatez y automatismo).
- Los llamados ángeles en la Biblia judeocristiana existieron, y existen en realidad, y no fueron invenciones de los escritores sagrados ni una simple leyenda.
- Estos ángeles tuvieron una gran intervención en todo el desarrollo de la religión judaica, pero, sobre todo, en sus inicios. Esa intervención se extendió también al cristianismo. En el Nuevo Testamento los vemos secundando la acción de Cristo, si bien en un plano inferior y de meros ayudadores de este.
- Estos poderosos personajes no son solo de signo positivo (ayudadores, rectos), sino que también los hay de signo negativo (destructores, engañadores, enemigos del ser humano).
- Aparentemente, son seres extraterrestres, de una cultura enormemente superior a la nuestra y con un dominio de la materia para nosotros inconcebible. No solo eso, sino que en caso de evolucionar se hallan en un grado de evolución muchísimo más avanzado que los otros extraterrestres que también han llegado a la Tierra en épocas posteriores.
- Conjeturamos que los ángeles —y acaso otros extraterrestres de culturas más avanzadas, cuya relación con los ángeles nos es desconocida— han ayudado también

a otras culturas y religiones para que los seres humanos viviesen conforme a las normas cósmicas, obedeciendo las leyes de la naturaleza y del espíritu.

- Aparentemente, el planeta Tierra en general, y en concreto la mayoría de los poderes humanos que gobiernan el mundo, están bajo un sutil control de espíritus de signo negativo, que tienen a los seres humanos en una continua pelea los unos contra los otros (I. J. 5, 19).
- De muchísimos datos aparentemente inconexos, no solo de la Biblia y otros libros sagrados e históricos, sino de la misma vida humana de cada día, creemos poder deducir que en un plano indistinguible, y por encima de la normal capacidad de comprensión de las personas, hay planteado en el planeta Tierra un enorme combate, fundamentalmente espiritual, entre dos fuerzas: las fuerzas del bien (obedientes al orden del cosmos y, en definitiva, al Ser Supremo) y las fuerzas del mal (negativas, enemigas del orden del cosmos y rebeldes al Ser Supremo). Parte de esta lucha se desarrolla dentro de la conciencia de cada persona y de ella podemos tener algunos atisbos en lo que san Pablo nos dice (Col. 1, 20, y Fil. 2, 10) de que Cristo vino a pacificar y a someter a sí todas las cosas no solo de la Tierra, sino «las de los cielos» y «las subterráneas».
- En varias partes de esta obra nos preguntamos cuál puede ser la razón de que la raza humana actúe tan torcidamente y de que no seamos capaces de vivir en armonía los unos con los otros. La contestación podría estar en esta lucha de espíritus en la que nos vemos envueltos y en la que actuamos como peones en un ajedrez de gigantes. Siguiendo todavía en línea con lo que la Biblia nos dice y tratando de hallarle una explicación a esto, podríamos pensar que ciertos seres muy desarrollados, que habían prácticamente superado el estadio material,

vinieron a hacer de nuestro planeta una especie de reino aparte, donde ellos fuesen los señores absolutos. A esto se resistieron otros seres de igual o parecido rango, y ese fue el comienzo de esta lucha en la que el ser humano se vio envuelto por encima de su voluntad y hasta de su comprensión. La Biblia da pie a estas elucubraciones en muchos pasajes y en particular cuando nos dice que algunos ángeles «no guardaron su principado y abandonaron su propio domicilio» (S. Jud. 6) y «pretenden hacerse adorar como dioses» (2 Tes. 2, 34). La venida de Cristo parece haber sido el comienzo del quebrantamiento de este dominio absoluto que hasta entonces los espíritus del mal habían ejercido sobre la Tierra (Lu. 10, 18; I. J. 3, 8; J. 12, 31).

- En tiempos remotos parece que los ángeles negativos podían actuar mucho más libres y visibles, mientras que de un tiempo a esta parte, aunque conservando todavía el dominio espiritual del mundo, «Satanás está encadenado», tal como leemos en el Nuevo Testamento.
- Muchos de los dioses paganos dan la impresión de haber existido realmente..., aunque muy fantaseados en la mente de las personas. Probablemente, tanto sus personificaciones como sus cultos fueron manifestaciones de los ángeles rebeldes con las que apartaban a los seres humanos del culto al verdadero Dios y los inducían a aberraciones.
- Las grandes batallas entre extraterrestres con armas poderosísimas —que vemos en los libros antiguos de otras religiones y de las que tenemos restos en muchos sitios de nuestro planeta— pueden haber sido parte de las pugnas entre los ángeles positivos y los negativos, o entre estos y otros extraterrestres inferiores, por el control de la Tierra.

Sabemos de sobra que todo esto puede sonar a fantasías delirantes. Pero tenemos el valor de exponernos a ser juzgados como visionarios, mientras nuestros «jueces» seguirán sin tener ninguna respuesta a las grandes incógnitas de la existencia del ser humano, incapaces de levantar sus cabezas de las diarias rutinas —comerciales, científicas o religiosas— que los esclavizan, pero en las que encuentran el necesario sustento para seguir viviendo.

¿Son ciertas todas estas hipótesis? ¿Son una simple proyección de nuestras ideas prejuiciadas? No lo sabemos. Ahí quedan en espera de nuevos datos para su confirmación o en espera de argumentos para su rechazo. Pero sin que nos afecten para nada las condenaciones dogmáticas.

Ciertas o no, son una muestra más de que la presencia en el cielo de astronaves de otros mundos está sacudiendo los cimientos de nuestra religión al hacernos descubrir nuevos y revolucionarios aspectos en las viejas creencias.[26]

---

26 A quien quiera abundar más sobre las ideas de este capítulo, le recomendamos dos libros muy interesantes. El de Paul Misraki, *Los extraterrestres*, y el de Eugenio Danyans, *Platillos volantes en la antigüedad*. También son muy interesantes en este aspecto todos los libros del autor inglés Raymond Drake.

10
CRISTIANISMO

Hemos sido criados en el seno del cristianismo y a él le debemos ciertos valores fundamentales de nuestra conciencia, lo mismo que le debemos, en el orden social, un marco y unas normas de convivencia que, aun con graves defectos, nos han permitido desarrollarnos en un nivel de dignidad humana.

Aunque a algunos pueda parecerles chocante, el convencimiento por parte nuestra de la realidad extraterrestre acentuó en nosotros la crítica del sistema social-religioso en que nos habíamos movido hasta entonces. Para nosotros fue casi simultáneo este convencimiento con la celebración del concilio Vaticano II, que nos puso a pensar con libertad de conciencia y nos hizo incurrir, al igual que a muchas otras personas dentro de la Iglesia, en la «herejía del revisionismo». (Es lógico que el revisionismo sea una herejía en donde no hay libertad de pensamiento, pero llamarle herejía al sano revisionismo, cuando al mismo tiempo se admite y se invoca la libertad de conciencia, es una muestra de que la tal libertad de conciencia es solo de palabra).

Cuando dedujimos que otros seres mucho más avanzados que nosotros, pero, al igual que nosotros, distantes infinitamente de Dios, tenían que darle solución a los muchos enigmas que la vida y el cosmos les planteaban, sospechamos que sus soluciones no eran tan absolutas como las nuestras y poco a poco fuimos teniendo la certeza de que ni siquiera eran las mismas, aun para cosas fundamentales.

El cristianismo ha sacralizado demasiadas cosas. Cuando con el paso de los siglos y con el desarrollo de las ciencias estas cosas se han ido desacralizando, de manera automática se han vuelto contra aquellos que las habían distorsionado, y de víctimas se han convertido en acusadoras.

Ejemplo palpable es la explicación del origen del género humano. ¿Quién puede hoy sentirse obligado a creer —como no sea una de las muchas mentes aprisionadas por el autoritarismo y el consecuente terror sagrado— que todas las razas humanas proceden de una sola pareja? Menos mal que al magisterio eclesiástico no se le ocurrió, hace siglos, dictaminar sobre el origen en concreto de la vida en nuestro planeta y sobre el de cada una de las especies de animales. Pero el mero hecho de haber sostenido durante tantos siglos esta falsa creencia como algo importante nos hace sospechar de muchas otras creencias.

El mero hecho de haber impuesto esta creencia —al igual que otras, tanto en el campo católico como en el protestante—, nos hace revisar a fondo todo el archivo dogmático para ver hasta qué punto lo ha desfigurado el polvo de los siglos o lo ha tergiversado la ignorancia o el exceso de celo de los archiveros.

En esta labor se encuentran desde hace ya algún tiempo muchos buenos cristianos, incluidos entre ellos teólogos de primera fila. Los hallazgos varían mucho según la capacidad de quien busca y según su mayor o menor libertad de espíritu. Pero por lo que va saliendo a la luz, es como para pararse a reflexionar seriamente sobre el fenómeno histórico llamado «cristianismo». Muchas son las preguntas que vienen a nuestra mente y que dejaremos flotando en el aire para que los «técnicos» de la religión —que no necesariamente son personas religiosas en el auténtico sentido de la palabra— las contesten, si es que se dignan a ello:

- ¿Qué queda de la famosa inerrancia de la Escritura? ¿Es la inerrancia que se defiende hoy la misma que se defendía hace solo dos siglos? ¿No hubiesen entonces ido a la hoguera, o por lo menos a las mazmorras, del «brazo secular», muchos de los escrituristas de hoy?
- ¿En virtud de qué mandamiento de Cristo juzgaban y condenaban los sacros tribunales de la Inquisición? ¿No fue la Inquisición misma un fenomenal error pragmático e implícitamente dogmático no solo de Gregorio IX, que la instituyó (1231), y de Inocencio IV, que autorizó el uso de torturas (1252), sino de todo el cuerpo de la Iglesia, que se mancilló con tan inicuo uso?
- ¿No fueron las cruzadas otro fenomenal error perpetrado no solo contra el espíritu de Cristo, sino contra la letra misma del evangelio? ¿Y no podemos ver en las cruzadas ese error tan humano que consiste en achacarle a Dios nuestros defectos, en este caso nuestra belicosidad, a la que descaradamente canonizamos al llamar «santa» a la guerra? ¿No se les ha llamado «santas» en la Iglesia a cosas que únicamente eran fruto de los delirios o de la vanidad de hombres enfatuados por el poder humano?
- ¿No se puede decir otro tanto de tantas «conquistas» y «colonizaciones» hechas por las naciones «cristianas», en las que los misioneros pretendían santificar con la cruz los genocidios que sus compatriotas cometían con la espada? En nombre del Altísimo se conquistaron naciones y continentes para «enseñarles a adorar al verdadero Dios»..., pero para ello se les privaba de la libertad que Él les había dado.
- ¿En virtud de qué mandato de Cristo los jerarcas de la Iglesia defendieron de manera tan tenaz y belicosa durante siglos sus «estados pontificios»? ¿Siguen pensando todavía que aquellos existían por la «voluntad de Dios»? (Al cumplirse el 20 de septiembre de 1970 el centena-

rio de su terminación, la Santa Sede envió a un cardenal a decir una misa a la famosa Porta Pía «para participar en tan fausta celebración» (¡!). ¡Qué triste que, una vez más, la santa misa se usase como instrumento político para salir del paso!

- ¿Por qué la Iglesia cristiana se occidentalizó tan exclusivamente que llegó a considerar en la mayoría de las misiones como incompatible con un cristianismo auténtico la vivencia a fondo de sus respectivas culturas? ¿No nos está diciendo esto que el cristianismo se había desvirtuado ya hasta el punto de haber dejado de ser una religión universal, para confundirse con la cultura específica de los pueblos de raza blanca? Y la actual resistencia masiva de las razas no blancas (tres mil millones de personas cuando escribo esto) a la cristianización, ¿no nos está diciendo que ni la voluntad ni la ayuda de Dios para que se «conviertan» están muy manifiestas en este punto?
- ¿Qué queda hoy de las bizantinas discusiones sobre la predestinación de los siglos XVI y VII, a las que tanta importancia se les atribuía? ¿No podemos considerarlas hoy como un infantil rompecabezas teológico, organizado a manera de pasatiempo entre los profesionales de la religión, con el agravante de haber jugado con la majestad de Dios al hacerlo partidario por turno de los alambicamientos de los contrincantes?
- Y ¿qué queda hoy, ante nuestra filosofía existencial y ante las vivencias concretas de nuestro tiempo, de las muchas definiciones de los primeros concilios, de sabor aristotélico y oriental, con las que los sucesores de los apóstoles quisieron aprisionar para el futuro el incoercible espíritu de Cristo?
- ¿Vagarán, en realidad, por algún infierno eterno, inventado por los ascetas rigoristas, los cristianos de concien-

cia libre que no quisieron aceptar el aprisionamiento del espíritu? Y si no hubo para ellos tal infierno, ¿para qué sirvieron y qué fuerza tenían los anatemas que contra ellos se lanzaron?

- El magisterio de la Iglesia, que afirma con autoridad divina tantas cosas, ¿por qué sigue sin darnos una explicación satisfactoria ante el eterno problema del mal?

Seguiremos haciéndonos preguntas radicales acerca de nuestras creencias, aun bajo la sospecha de que solo encontrarán la sonrisa benévola, si no despectiva, de los «técnicos» que tienen la ilusa e insensata pretensión de poseer los secretos de Dios.

Sonríanse o no, ahí tienen delante de ellos el sinnúmero de interrogantes que las personas de hoy se hacen a sí mismas, porque no tienen esperanza de que, quienes dicen que saben, se los contesten. Los teólogos de la institución que se llama «Iglesia» y los jerarcas de ella cometen el grave error de vivir en un mundo «eclesiástico» que ellos se han creado, diferente, y muchas veces aparte, del mundo en que viven y sufren las personas comunes y por eso no vibran con los mismos problemas y siguen con frecuencia discutiendo temas y hablando en términos ya incomprensibles para el multitudinario hombre de la calle.

Pero tarde o temprano tendrán que enfrentarse con problemas tan patentes como el fracaso cada vez mayor del matrimonio en las sociedades llamadas «cristianas».

- ¿Se preguntarán los moralistas de oficio si esta tendencia al fracaso del matrimonio no tendrá algo que ver con las archipuritanas, cuando no ridículas, normas del noviazgo que durante siglos han estado imponiendo a la juventud los predicadores moralizantes y los piadosos padres espirituales?

- Y ¿se preguntarán los moralistas de oficio si las enormes brechas que hace tiempo están apareciendo en la institución matrimonial tendrán algo que ver con la maniquea concepción del sexo que ha prevalecido en la Iglesia cristiana durante siglos y que sigue todavía prevaleciendo en buena parte de los que se dicen tener la responsabilidad de guiar las conciencias de los fieles?
- ¿Seguirán los canonistas empeñados en aprisionar el espíritu en sus cánones, confundiendo la práctica literal de acápites legales con las mil maneras libres de vivir el amor y la justicia, que son la esencia del espíritu religioso?
- ¿Seguirán queriéndonos atar el alma con la cadena del pecado por no cumplir tiquismiquis legales que ellos mismos han inventado?
- ¿Seguirán las autoridades eclesiásticas «colando mosquitos» (por usar la misma frase de Cristo contra otros que hacían lo mismo que ellos), mientras siguen tan institucionalmente ciegos ante la enorme injusticia de la mayoría de los sistemas económicos, sociales y políticos que tienen al mundo al borde del caos?
- Y ¿cómo nos traducirán los teólogos esos patentes «signos de los tiempos» que son el abandono masivo, por parte de los pueblos cristianos, de las «prácticas religiosas» y el desinterés cada día mayor de la juventud hacia las viejas tradiciones y creencias?

Todas estas preguntas y muchas otras nos martillean cada día la conciencia a quienes no queremos seguir «comulgando con ruedas de molino» y que no estamos ya dispuestos a permitir que sean otros los que piensen por nosotros en cosas tan fundamentales para nuestro espíritu.

Sin embargo, cuídese el lector de pensar que todo lo que acabamos de decir es un balance total y definitivo del cristianismo. Nuestra mente está muy lejos de cometer tal injusticia. Si es cierto que lo antes expuesto es muy negativo y lanza una gran sombra sobre el cristianismo, también es cierto que después de casi dos mil años de historia el cristianismo puede presentar un brillante balance positivo que en muchos aspectos ha sido decisivo en la fase de rápida evolución en que actualmente se halla la humanidad.

A nuestro entender, el mayor logro del cristianismo no consiste en haber sido el forjador de estilos en el pensar, o en el convivir, o en el enfrentarse a la vida, y mucho menos consiste en haber construido toda una filosofía decisiva en el pensamiento de Occidente. Todos estos son logros auténticos. El logro grande del cristianismo consiste en haber convertido a muchos hombres y mujeres en auténticos *superhombres* que, con su ejemplo, arrastraron a otros muchos a la difícil tarea de la educación y espiritualización de esta lastrada humanidad. Una organización que es capaz de forjar el alma de gigantes de la talla de un san Benito, educador de Europa, de un León Magno, de un Francisco de Asís, de un Vicente de Paul o de un Juan Bosco, debe tener mucho de bueno. Y, sobre todo, el logro grande del cristianismo consiste en haber moldeado desde la infancia el corazón de millones de mujeres y hombres anónimos y haber hecho de ellos auténticos hombres y mujeres de buena voluntad que tradujeron en sus vidas las palabras del Evangelio.

Pero toda esta capacidad del cristianismo corre hoy el grave riesgo de perder su fuerza para con las nuevas generaciones que ahora crecen, y con las del futuro.

Vemos una Iglesia, y en particular a una gran parte de la jerarquía, estática, que no ha captado la importancia del momento que vive la humanidad. La vemos mirando más hacia atrás, preocupada por su historia, que hacia adelante, como si el mundo tuviese necesariamente que regirse siempre por las mismas normas. Se invocan una moral y un dogma inmutables y no se quiere ver que los valores, la sensibilidad y hasta el psiquismo del hombre moderno están cambiando a gran velocidad y seguirán cambiando todavía durante años. Muchas de las normas y de los esquemas mentales que se nos siguen queriendo inculcar ya no significan nada para nosotros, y por eso son rechazados o sencillamente ignorados, sin que pensemos que por ello hacemos ofensa ninguna a Dios.

Hay que estar totalmente ciego para no ver cómo las Iglesias cristianas pierden rápidamente terreno entre el pueblo que ahora alcanza la madurez y no logran hacer penetrar su mensaje en las generaciones que se levantan. Debemos confesar que en parte nos alegramos de este fenómeno. El hombre diferente que el mundo del futuro necesita encontraría serias trabas si tuviese que enfrentarlo con las cerradas normas socio-religiosas tradicionales. El moralismo, el dogmatismo, el legalismo y toda suerte de tradiciones, con su hipertrofia de siglos, han acabado por convertirse en una verdadera camisa de fuerza para el espíritu.

Pero, por otra parte, al perder la religión cristiana influjo en el alma de las gentes de Occidente, se corre el grave peligro de que estas pierdan al mismo tiempo los valores reales y profundos que aquella encierra. Aunque por desgracia las palabras «cristiano práctico» son solo sinónimo de personas que cumplen con ciertos ritos particulares y que creen determinadas creencias, sin embargo, a lo largo de siglos, para millares y millares de personas, la palabra «cristiano» ha sido sinónimo de persona honrada, justa, ayudadora y profundamente libre en el fondo de su conciencia al sentirse hijo o hija de Dios. Esos son los valores, fundamentales para una civilización del futuro, que corren el peligro de debilitarse al alejarse el hombre de hoy de la religión y perder su fe en ella por seguir esta presentándosele bajo formas que ya no le dicen nada.

Un claro ejemplo de esto es algo que tienen seriamente planteado algunos de los gobiernos de los países más avanzados del mundo: el uso masivo de drogas alucinantes, sobre todo por parte de la juventud. Un joven profunda y rectamente religioso está más inmune a este peligro que todos aquellos que han crecido con el alma vacía de valores sólidos en los que apoyarse en las horas de crisis. Las estadísticas que se pueden presentar indicando que un porcentaje grande de jóvenes educados en colegios religiosos son también prisioneros de este hábito no harán más que confirmar lo que estamos diciendo: la religión que aprendieron como una asignatura más, pero que no vivieron porque ya no tenía sentido para ellos, no tuvo fuerza ninguna al llegar la hora de la tentación. Ellos cumplían, más o menos libremente, los ritos tradicionales, pero el auténtico cristianismo no había penetrado realmente en sus almas. Hace años que el empeño y la especialización de los colegios «religiosos» consiste principalmente en dar títulos de bachillerato acreditados.

Aunque se puede decir que cada año y cada siglo de la historia de la humanidad son, en cierta manera, críticos, ya que de ellos dependen en buena parte los años y los siglos por venir, creo que también se puede decir con toda justicia que esta época que la humanidad está viviendo es especialmente crítica, porque es el fin de una larga era y el comienzo de otra completamente diferente, que ya estamos comenzando a vivir.

Los países que pasan por ser los más avanzados del mundo han cambiado más en los últimos cincuenta años de lo que lo habían hecho en dos milenios de historia. Y por lo que podemos apreciar, la velocidad de cambio es cada día mayor, arrastrando consigo a países que hasta ahora habían estado dormidos.

Por otra parte, se ven signos numerosos en el campo de la política internacional de incapacidad en los grandes líderes para poner orden en el caos que ellos mismos han formado. Se tarda meses en llegar a un acuerdo sobre la forma de la mesa en la que se discutirá cínicamente durante años una paz no deseada.[27] Y mientras los diplomáticos mienten y pierden su tiempo durante horas y horas en su famosa mesa, los jóvenes han estado dejando su sangre inútilmente en los campos de Vietnam a razón de doscientas vidas diarias, y el dinero de los pueblos en conflicto se ha malgastado a razón de unos 75 millones de dólares diarios. Y lo trágico es que esta broma macabra dura ya más de una década.

En la frontera árabe-israelí se juega cada día irresponsablemente a la guerra mundial. El mundo contempla, entre curioso e indiferente, cómo durante largos meses en Biafra (África) una raza entera muere de hambre, mientras los «grandes» juegan sus bazas políticas en las que Biafra es una carta más, o se enriquecen vendiéndoles armas a los dos contrincantes. El Gobierno francés sigue derrochando millones en pruebas atómicas en el Pacífico porque quiere tener también, como sus «hermanos mayores», la capacidad de amedrentar a los demás. En Brasil, unos gobernantes con mente medieval recurren de nuevo a las torturas para «enderezar» el pensamiento de los miles de prisioneros políticos. Rusia hace un pacto de algo con Alemania Occidental e instintivamente nos viene a la memoria el pacto de Stalin con Hitler, con el que mutuamente quisieron engañarse en vísperas de declararse la guerra. Los blancos racistas de Rodesia y Sudáfrica siguen cavando sus propias fosas con sus abusos para el día de la gran masacre...

Ante tantos hechos deprimentes de nuestra historia actual, nos preguntamos varias cosas. ¿Dónde está el espíritu cristiano? ¿Son realmente cristianos los bautizados responsables de buena parte de estos hechos? ¿Tiene ya, en realidad, el cristianismo alguna influencia en la marcha de la historia contemporánea? Y la falta de este espíritu de fraternidad en las relaciones

---

27 Se refería el autor a las largas conversaciones previas a las reuniones en las que se trató la paz en la guerra de Vietnam y a los conflictos internacionales que por aquellos días preocupaban al mundo. *[Nota del editor de la primera edición]*

de los dirigentes de los pueblos entre sí y frecuentemente con sus súbditos —espíritu de fraternidad, que es una de las características esenciales del cristianismo—, ¿no está llevando a la humanidad a una especie de suicidio colectivo?

Consideraciones de este tipo, aunque pueda parecer extraño, han ido cobrando cada vez más fuerza en nuestra mente a medida que íbamos conociendo más a fondo el fenómeno ovni. El hecho de que desde millones de kilómetros hubiesen llegado hasta nosotros seres mucho más adelantados sin querer imponernos o exigirnos nada, como aparentemente podrían hacerlo con facilidad, nos hizo caer en la cuenta de que social y religiosamente hablando somos un planeta primitivo y bárbaro. Aparte de esto, es un hecho significativo que la presencia de estos objetos volantes se haya intensificado notablemente desde que los seres humanos somos capaces de fabricar la bomba atómica. Si bien es cierto, como hemos visto, que son numerosísimos los testimonios de la antigüedad acerca de ellos, su presencia se ha convertido en un hecho habitual a partir del día 24 de junio de 1947, cuando Kenneth Arnold vio la formación de nueve discos sobre el monte Rainier, en California (EE. UU).

Para nosotros tiene visos de preocupación que nuestros visitantes espaciales muestren interés acerca de nuestros conocimientos atómicos. En Alamogordo (Nuevo México, EE. UU.) cayó un disco volador. Es de notar que en aquel entonces se hacían en Alamogordo intensas experiencias atómicas y por eso los destacamentos de guardia especial que rodeaban toda aquella zona se pusieron en acción de inmediato. Los técnicos militares que se acercaron con aparatos de medición pudieron ver un objeto ovalado de una sola pieza, sin uniones, y a través de un desgarrón producido en la estructura —la cual fueron incapaces de perforar sus taladros— distinguieron una serie de cadáveres, con vestimenta metálica, deshechos por —en principio— el cambio de presión. En el interior había paneles con cuadrantes, y marcadores, símbolos ignotos e ideogramas, un motor iónico y una especie de reloj. La nave tenía un diámetro de 30 metros, cabina de 4,40 metros y torre de 1,80 metros. Uno de los cadáveres fue llevado a un laboratorio de Washington y apenas se pudo comprobar que era antropomorfo. La solidez de la nave resistía temperaturas de 10 000 grados. Todos estos detalles fueron proporcionados en la Universidad de Denver, en Colorado, por el físico doctor Sylas Newton, que desafió al Gobierno y a las autoridades de las Fuerzas Aéreas a que lo desmintiesen, cosa que nunca hicieron a pesar de la publicidad que obtuvieron las sensacionales declaraciones del doctor Newton.[28]

El hecho de haberse producido precisamente sobre Alamogordo una de las pocas caídas de las que tenemos certeza —las cuales constituyen una prueba irrefutable contra aquellos que todavía dudan— nos hace pensar que nuestros visitantes se arriesgaron hasta el límite por su gran interés en conocer nuestros adelantos atómicos. Vemos en este hecho un punto sutil de contacto entre lo religioso —lo antirreligioso en este caso— y lo extraterrestre, porque una bomba atómica es la quintaesencia de la falta de espíritu cristiano, la falta de fraternidad. Y sobre el punto donde se materializa este gran pecado, vemos sacrificarse a nuestros hermanos extraterrestres al esforzarse hasta el límite por conocer nuestra capacidad fratricida[29].

---

28 Después de veinte años, estos datos nunca han podido ser corroborados con certeza, pero tampoco refutados de manera eficaz.

29 Hoy en día ya no somos tan simplistas en juzgar acerca de las intenciones de los tripulantes de los ovnis. Lo de «hermanos extraterrestres» lo admitimos con una doble duda.

11
JESUCRISTO

Debemos confesar que comenzamos este capítulo, que, por otra parte, consideramos el medular de todo este libro, sobrecogidos por la importancia del tema, y en particular de la persona envuelta en el mismo. Jesucristo es el personaje central y fundamental del cristianismo. Sin discusiones. Pero no solo eso. Jesucristo es, según la más básica enseñanza cristiana, Hijo único de Dios, y Dios Él mismo. Poner cualquiera de estas cosas en duda sería enfrentarnos con todo el pensamiento cristiano y, en consecuencia, con los sentimientos de muchos cristianos en particular.

Por si todas estas dificultades fuesen pocas, viene a añadirse la personal y subjetiva dificultad que el autor siente al tener que enfrentarse con espíritu investigador, aunque sea hecho con toda humildad, con la persona a quien él escogió por modelo y a quien en un momento dado ofrendó su vida. Sin embargo, estamos seguros de que Jesús será comprensivo con nuestra aparente audacia y sabrá perdonar lo que por infantilidad nuestra pudiese aparecer como osadía.

Hecha esta salvedad, tenemos que decir que tratar del impacto que la presencia de los extraterrestres pueda tener en las creencias religiosas y no tratar en particular de la persona de Jesucristo sería rehuir el punto fundamental de todo el problema. A nuestro entender, la divinidad de Jesucristo, tal como la ha enseñado tradicionalmente el cristianismo, es el punto crucial de todo este asunto y la mayor dificultad que para nuestras creencias presenta la aparición de los visitantes extraterrestres, o viceversa. Él es la dificultad mayor que un fiel cristiano puede encontrar para admitir otros mundos poblados con seres inteligentes.

He aquí cómo el credo de Nicea, que podríamos llamar el credo oficial de la Iglesia cristiana durante siglos, define la persona de Jesucristo y sus relaciones con el Padre:

> Creo en un solo Dios Padre Todopoderoso, creador del Cielo y de la Tierra, de las cosas visibles y no visibles, y en un solo Señor Jesucristo, hijo unigénito de Dios, nacido del Padre antes de todos los siglos, Dios de Dios, luz de luz, Dios verdadero de Dios verdadero. Engendrado, no creado, de la misma sustancia que el Padre, por medio del cual fueron creadas todas las cosas. Él, por nosotros los hombres y por nuestra salvación, bajó de los cielos y se encarnó de María Virgen y se hizo hombre. Fue crucificado por nosotros bajo Poncio Pilato; murió y fue sepultado; resucitó al tercer día, según estaba predicho en las escrituras. Y subió a los Cielos y está sentado a la derecha del Padre. Y de nuevo vendrá a juzgar con majestad a los vivos y a los muertos y su reino no tendrá fin...

He aquí cómo nos presenta a la persona de Cristo otro de los pasajes fundamentales del Nuevo Testamento, Juan I, 1-3:

> En el principio era el Verbo, y el Verbo estaba junto a Dios y el Verbo era Dios. Todo fue hecho por Él y sin Él nada fue creado de cuanto ha sido hecho.

En estos párrafos se afirma, sin lugar a dudas, la divinidad de Jesucristo, tal como esta ha sido entendida siempre por el cristianismo. Querer hoy darle interpretaciones diversas a estos párrafos, de modo que no digan que Jesucristo es Dios en el clásico sentido de la palabra, nos parece una tarea muy difícil, si no inútil.

Pero leyendo con atención estas frases, que de tanto repetidas corren el peligro de perder su significado, nos encontramos a primera vista con unos conceptos y unos vocablos que rezuman antropomorfismo y geocentrismo. Ciertamente no son los mejores para desentrañar un concepto tan vasto, tan trascendente, tan infinito como el de Dios. Una vez más, el hombre-niño proyecta toda su infantilidad al pretender nada menos que definir a un Ser del que apenas comprende nada porque supera infinitamente su capacidad rudimentaria de comprensión y de expresión.

«Padre», «Hijo», «Cielo» y «Tierra», «visibles» y «no visibles», «unigénito», «engendrado», «misma sustancia que el Padre», «sentado a la derecha del Padre», «su reino no tendrá fin»... Todo esto es un lenguaje que traduce unos conceptos propios de las personas de este planeta en determinada época, pero que probablemente a muchos otras de otras épocas y a muchos otros seres de la creación no les dice nada.

Algunas palabras en concreto —como «Cielo» y «Tierra»— demuestran un geocentrismo hoy ya completamente superado. El sentido común, las matemáticas, los radiotelescopios y, finalmente, los ovnis, nos están diciendo que la Tierra es una ínfima mota de polvo en el cosmos infinito. Si el cristianismo basado en el dogma de la divinidad de Jesucristo quisiese hacemos creer que la Tierra es de alguna manera el centro del universo (tal como hace el padre López Guerrero en su libro *Mirando a la lejanía del universo*), no podríamos estar de acuerdo con él. Ni siquiera podríamos estar de acuerdo con aquel que nos dijese que la Tierra es un astro privilegiado; aunque el corazón, en un primer momento, nos impulsara a decir que sí, el cerebro, en fin de cuentas, nos convencería matemáticamente de que la realidad no puede ser de esa manera.

Muchas veces, la mejor manera de conocer lo nuestro es observar con atención lo ajeno. Lo ajeno, al no estar cegados por todos los prejuicios e intereses creados que nos impiden ver con claridad lo propio, se observa con imparcialidad. Si nuestros antepasados hubiesen reflexionado sobre la redondez de todos los astros que contemplamos en el firmamento, hubiesen llegado fácilmente a la conclusión de que la Tierra no podía ser una excepción en medio de tantos millones, y se hubiesen reído de «los abismos en los que se despeña el mar» y de «las columnas que aguantan la Tierra».

Las relaciones hombre-Creador tampoco pueden ser de tal naturaleza que rompan el orden normal del universo y constituyan una única excepción. Ante la enorme cantidad de astros poblados, no podemos creer que Dios haya hecho una excepción superextraordinaria, y menos única, en sus relaciones con los habitantes de este planeta perdido en el espacio. De ninguna manera podemos admitir esta frase dicha por un sacerdote católico eminente en las ciencias físicas: «Por la redención, el universo ha quedado cristocéntrico».

¿Cuál hubiese sido una razón lógica para semejante excepción? La teología cristiana nos responde: un gran pecado. Pero una vez más, la mente, libre de prejuicios y de miedos, protesta: no concedemos a este pobre ser que se mueve sobre la Tierra la capacidad de cometer pecado ninguno que sea capaz de motivar tal excepción por parte del Creador de un cosmos tan vasto. (La dificultad no provendría de la capacidad o de la generosidad de Dios, sino de la pequeñez del ser humano).

Por otra parte, el pecado que cometió la raza humana ¿fue el único en el cosmos que mereció tal reacción por parte de Dios? ¿Tan diferente fue nuestro pecado de todos los otros que hayan cometido los seres que pueblan el cosmos? ¿Somos nosotros los únicos con capacidad de pecar? A todas estas preguntas, la mente humana contesta de forma rotunda: ¡no! Nosotros no somos excepción en nada. Somos un planeta con unas determinadas características propias, pero seguimos en todo las leyes fundamentales y generales, válidas para todo el universo.

Hemos admitido el derrumbamiento del geocentrismo astronómico, pero los científicos se resisten a admitir el derrumbamiento del geocentrismo psíquico: la perfección de la mente humana, todos sus adelantos, su técnica, sus fórmulas. Por su parte, las autoridades religiosas se niegan a admitir el derrumbamiento del geocentrismo religioso: la Tierra tiene aprisionado el corazón de Dios. Pero ya es hora de que errores pasados nos hagan despertar de nuestros sueños y abramos la mente a realidades que hasta ahora nos parecían imposibles. Sabia la frase de Teilhard: «En la escala de lo cósmico, solo lo fantástico tiene probabilidades de ser verdadero».

Reflexionemos brevemente sobre errores pasados. ¿Cuál fue el pecado específico que durante siglos las autoridades de la Iglesia cristiana nos presentaron como el causante de la venida del Hijo de Dios? Pues el acto de comer una manzana, por lo que implicaba de desobediencia.[30]

En otros tiempos hubiese sido un error doctrinal afirmar cualquier otra cosa, o sencillamente no admitirlo al pie de la letra. Pero pasaron los siglos y nuevas generaciones fueron sabiendo darle un significado mucho más aceptable a todo este relato.

¿Qué queda hoy del sentido literal del famoso versículo? ¿No han sabido elaborar los exégetas la teoría de los «estilos bíblicos», según los cuales hay que interpretar los diversos pasajes del libro sagrado? ¿Hay hoy algún teólogo que siga creyendo todavía que fue una manzana, tal como se enseñó

30 Según la teología cristiana clásica, el pecado de Adán y Eva se transmitió a todos sus descendientes. Los argumentos de los teólogos para explicar este hecho nunca han sido muy convincentes. Por otra parte, oímos en la Biblia a Dios diciendo: «No castigaré yo los pecados de los padres en sus hijos», lo cual no está muy de acuerdo con lo que nos dice la teología acerca de la transmisión del pecado original.

durante siglos, la que motivó la ira de Dios sobre toda la raza descendiente de Adán, cuando incluso hoy día dudamos mucho de la existencia física de la primera pareja? Y a pesar de ello, seguimos llamándonos «cristianos».

Es cierto que todo lo referente a Adán y Eva dista mucho de tener la misma importancia para el cristianismo que tiene todo aquello que se relaciona con la persona de Jesucristo y en particular todo lo que se refiere a su divinidad. Pero lo mismo que hemos encontrado «estilos bíblicos», ¿no deberíamos encontrar «estilos dogmáticos», según los cuales interpretásemos al cabo de los siglos las viejas fórmulas de fe y las expresásemos un poco más de acuerdo con los términos y conceptos modernos?

Por otra parte, cabe la posibilidad de que el Hijo de Dios hubiese visitado otros planetas y los hubiese «redimido» en caso de necesitarlo sus habitantes. No creemos que esta hipótesis agrade a los teólogos, pero es posible. En este caso, el Jesucristo de la Tierra tendría muchas réplicas en otros planetas. Tendríamos una única persona —la persona del Verbo, según la teología cristiana— encarnada en diversísimas naturalezas.

Con esto quedaría a salvo la unicidad del Hijo del Dios, aunque no la unicidad de su encarnación ni el poder salvífico universal de su redención, la cual quedaría constreñida a los límites del planeta Tierra.

Confesamos que hablar en estos términos tan escolásticos no nos agrada mucho, ya que al usarlos nos vemos metidos de nuevo en la camisa de fuerza de las fórmulas dogmáticas. Preferiríamos usar términos frescos que no tuviesen ningún sabor rancio, para que los científicos de la religión no nos pudiesen decir que los estamos usando de forma incorrecta.

El mismo uso de la palabra «redención» nos deja llenos de dudas. Si lo que oficialmente se nos presentó como el motivo de la redención no nos deja muy convencidos, naturalmente seguiremos preguntándonos qué es y para qué es la tal redención.

Admitimos a un Jesucristo maestro genial que durante toda su vida se desvivió por enseñarle nuevos caminos del espíritu a una humanidad ruda y que no dudó en sellar sus enseñanzas con la propia vida. Pero confesamos que se nos hace muy complicada toda la armazón teológica que san Pablo monta en sus cartas a los romanos y hebreos, y que luego, durante siglos, los teólogos de oficio se dedicaron a profundizar, explicar y complicar. En ellas se tiende un puente entre Cristo y Adán. Pero si el hecho de Adán no está claro, la esencia de la redención tampoco podrá estarlo. Y si el puente teológico entre Adán y Cristo no es claro, el puente antropológico —base de aquel— es mucho más oscuro.

Sin duda está todavía flotando en el aire la pregunta clave: ¿es realmente Jesucristo Dios?

A la luz de las perspectivas cósmicas que la mente humana vislumbra por la presencia concreta de seres de otros mundos, la pregunta cobra nuevas dimensiones en profundidad y en amplitud. En realidad, es demasiado fundamental para contestarla con un monosílabo. Creemos que primero habría que aquilatar mucho los términos y las fórmulas con las que hasta ahora se ha manejado el problema.

Los cristianos nos hemos atrevido a arremeter con los versículos del Antiguo Testamento; no miramos con muy buenos ojos algunos del Nuevo Testamento, pero le tenemos terror a los artículos del credo y a las definiciones conciliares.

Por supuesto, para un cristiano tradicional ir contra una definición conciliar o contra un artículo del credo, o sencillamente dudar de ellos, es cometer automáticamente un pecado grave, con el peligro de ser declarado formalmente hereje. Nosotros, gracias a una suspensión *a divinis* que tuvo un efecto catalizador, nos hemos liberado de este miedo y creemos que honramos a Dios cuando nos preocupamos por investigar a fondo nuestras relaciones con Él. Puede ser que nos equivoquemos, pero no cometemos la falta de modestia de creer que todo está ya dicho sobre el Creador del universo y que durante milenios la mente humana ya no tendrá nada que descubrir acerca de la misteriosa e insondable personalidad del excelso mensajero que nos envió.

Aparte de lo dicho, he aquí por qué nos atrevemos a dudar con un ánimo investigador de los dogmas fundamentales cristianos tal como se presentan en el credo, a pesar de que el magisterio de la Iglesia los ha tenido durante siglos como definitivos e intocables.

¿Por qué un cristiano tiene que aceptar la doctrina sobre Jesucristo tal como se contiene en el credo y en los principales dogmas? La respuesta es: porque el magisterio oficial de la Iglesia y los concilios, ambos «infalibles», así se lo dicen y se lo mandan. Y volvemos a preguntar: ¿por qué sabemos que el magisterio y los concilios, en las cosas y en la forma que les compete, son infalibles? Respuesta: porque así lo han dicho otros concilios. Naturalmente, los teólogos cristianos no estarán satisfechos con esta respuesta nuestra y querrán probarnos que el origen y el fundamento de toda su seguridad en la doctrina y de toda la infalibilidad del magisterio está en el mismo Jesucristo. Pero la verdad es que nunca podremos estar seguros de cuál era el genuino pensamiento de Jesucristo, ya que todas las enseñanzas llegaron hasta nosotros pasando por muchas manos, y a lo largo de la historia tenemos numerosos ejemplos de cómo las enseñanzas han cambiado y de cómo muchos doctores y jerarcas acomodaron a su conveniencia y a sus gustos las doctrinas y los poderes sagrados, debido a la «voluntad de Dios» o a la «intención de Cristo»[31].

---

31 En la moderna Roma hemos visto incrustada en la verja de un edificio de apartamentos de la Via Salaria una lápida de mármol, traída de Dios sabe dónde, en la que el alcalde de Roma (que entonces era un cardenal) amenazaba con penas espirituales a los que penetrasen en la finca en cuya puerta estaba la lápida. Donde la autoridad civil hubiese puesto un guardia, la autoridad eclesiástica puso tranquilamente una pena canónica. El poder sagrado al servicio de la propiedad privada.

Por otra parte, ya dijimos antes cómo las Sagradas Escrituras, pilar fundamental de nuestras creencias cristianas, han sufrido en lo que va de siglo fantásticos embates por parte de los mismos escrituristas cristianos. Hoy solo unas cuantas sectas fanáticas siguen citando la Biblia lo mismo que se citaba en siglos pasados.

La verdad es que cada día tenemos menos dudas de que el mensaje de Dios a la humanidad está distorsionado tanto en el Antiguo Testamento como en el Nuevo Testamento. En este último, los apóstoles y evangelistas, bien sea por miedo a que la doctrina sufriese adulteraciones e influencias de las escuelas filosóficas que entonces pululaban, bien por un natural deseo de presentar las enseñanzas de Jesús en compendios fáciles de comprender por un pueblo rudo, se apresuraron a componer «fórmulas de fe», «*didachés*», «protoevangelios» y «credos» en los cuales quisieron compendiar todo lo que recordaban del Maestro... y todo lo que con buena fe ellos creían que ayudaría para que el pueblo sencillo comprendiese plásticamente la enorme trascendencia y las profundas enseñanzas de Jesús. A los pocos años, se habían confundido las enseñanzas sabias del Maestro con los comentarios y añadiduras no siempre tan sabias de los discípulos. Aparecieron en seguida las estricteces de los rigoristas, los alambicamientos de los metafísicos y las imposiciones de los autoritaristas, y he aquí convertido el sencillo mensaje de Jesús en un *corpus doctrinae* enrevesado, rígido y desencarnado de las vidas de los hombres.

Ya en el mismo Nuevo Testamento tenemos ejemplos claros de esto en San Pablo y en San Juan. En numerosos párrafos, el primero muestra su vehemente alma de fariseo, inclinada —a pesar de sus arranques de magnanimidad— a la severidad y al rigor; en los escritos extraevangélicos del segundo descubrimos al poeta vidente, más inclinado a las visiones ultraterrestres o subjetivas que a la transmisión objetiva de las enseñanzas recibidas del Maestro.

Es inútil que las autoridades eclesiásticas en nuestros tiempos, lo mismo que los apóstoles en los suyos, amenacen con excomuniones y con castigos por parte de Dios. ¿Tendremos nosotros que renunciar a nuestras mentes y admitir ciegamente lo que otros nos digan que es la «verdad» y la «voluntad de Dios»? ¿Se pretende quitarnos el derecho de investigar por nosotros mismos con el argumento de que ya otros investigaron?

Volvamos a la pregunta clave que dejamos pendiente en párrafos anteriores: ¿es realmente Jesucristo Dios? Esta pregunta está circundada de otras preguntas previas, sugeridas por los mismos artículos del credo de Nicea. ¿Es Jesucristo Hijo de Dios? ¿Es el único Hijo de Dios? ¿Es Él la segunda persona de una Trinidad que es una en sustancia? ¿Creó Dios todo por medio de Jesucristo?

Y todavía estas preguntas de índole teológica tendrían que ir precedidas de otras de índole lingüística y filosófica para entendernos mejor en este tan importante tema. ¿Qué entendemos cuando decimos la palabra «sustancia»? ¿A qué filiación nos referimos cuando decimos que «el Verbo es Hijo del Padre»? O dicho en otras palabras: ¿qué clase de paternidad es la del Padre? Y muy importante: ¿qué entendemos cuando decimos «la palabra Dios»? Y finalmente: ¿qué trascendencia le damos a nuestro rudimentario verbo «ser»?

Lejos de mí está querer tratar lingüísticamente o con disquisiciones semánticas todo este trascendental asunto, tal como hizo Unamuno en *La agonía del cristianismo*. Sin embargo, reconocemos que ayudan para llegar mejor al meollo de la cuestión. Nunca aparece más clara la impotencia y la pobreza del lenguaje humano que en estas circunstancias. Decimos «Dios es bueno», e igualmente decimos «el perro es bueno». A todas luces, ni la bondad del perro es la misma que la de Dios, ni la relación entre bondad y Dios es la misma que entre bondad y perro, y, sin embargo, usamos las mismas palabras, porque nuestro lenguaje no da para más.

Hace siglos que leemos en las «fórmulas» que Jesucristo es de la misma naturaleza o sustancia que el Padre, y por eso deducimos de ahí que Él es Dios. Pero ¿comprendemos las personas en toda su profundidad lo que yace tras la palabra «sustancia»? ¿Es la sustancia de Dios tan simple como la de un plástico, de la cual podemos decir con toda tranquilidad que es la misma en diferentes objetos? Oímos a Cristo diciendo en el evangelio: «El Padre y yo somos una misma cosa», y de ahí hemos deducido, no sin lógica, que Cristo es Dios. Pero ¿no dice lo mismo un hombre enamorado de su mujer, que ambos son una misma cosa?

Uno de los términos que refleja más la pobreza de nuestro lenguaje y el antropomorfismo de nuestro pensamiento aplicado a Dios es en el término «hijo», aplicado tanto a Cristo como a nosotros. La filiación de que nos habla la teología refiriéndose a Cristo tiene que ser absolutamente diferente de la filiación humana y, sin embargo, usamos la misma palabra. Lo más que se nos ocurre es añadirle un apéndice para señalar de alguna manera algo que es de por sí evidente: decimos que Él es hijo natural y nosotros hijos adoptivos de Dios. Nos hallamos de nuevo ante otra «fórmula» que deja peor todavía las cosas y dista una infinidad de la realidad total, la cual nos es y nos será por siempre desconocida.

Otra de las palabras que vemos usar con referencia a Cristo y a sus relaciones con el Padre es «persona». Ni desde el punto de vista lingüístico ni desde el filosófico, la palabra «persona» es muy apta que digamos para aprisionar en ella el concepto de Dios ni para explicarlo. Lingüísticamente, «persona» significó en un principio una careta provista de un orificio en la boca, a través del cual hablaba el actor, para distinguirlas de aquellas que no tenían orificio y que usaban los personajes mudos en las comedias antiguas. Más tarde significó el personaje representado, y de ahí pasó a significar el actor que lo representaba. Pues bien, una palabra cargada con tal lastre de significaciones es la que nos vemos obligados a admitir como definitiva para describir a Dios.

Desde un punto de vista filosófico, la definición que la escolástica da de «persona» es «*suppositum rationale*». Se da el dato de la racionalidad, lo cual no es mucho decir, pero se hace recaer todo el peso de la definición sobre la vaga palabra «*suppositum*». Pero ¿qué nos dice de concreto esta nueva palabra? ¿No puede aplicarse a cualquier cosa que esté colocada en un lugar inferior?

Como podemos ver, los instrumentos que el lenguaje tiene para explicar una cosa tan vasta y profunda como es Dios son demasiado rudimentarios para que tengamos que atarnos a ellos definitivamente.

Y ¿qué decir de la misma palabra «Dios»? ¿Conoce mucha gente el hecho de que, en nuestro castellano, Dios (*Deus* en latín) es el mismo «Zeus» de los griegos y el mismísimo «Júpiter» de los romanos, al que vemos en tantas francachelas, según sus respectivas mitologías?

Comprendemos perfectamente que es así como se han ido formando las lenguas, y que alguna palabra tenemos que usar para significar las cosas, pero nos rebelamos contra la imposición definitiva de palabras o de fórmulas. La mente y el lenguaje humanos cambian y las personas tienen que ser libres en cada época para poderse expresar con los términos más adecuados a esa época.

Escribe J. Altizer en *Radical Theology and the Death of God*:

> La idea de Dios y la misma palabra «Dios» necesitan un replanteo. Quizá hagan falta palabras completamente nuevas; quizás haya que guardar un discreto silencio sobre Dios, pero finalmente hay que esperar una nueva manera de considerar la idea por inesperada y sorprendente que resulte.

Y con el mismo propósito escribe A. Toynbee en su prólogo al libro *The Religion in a Secular Age*, de John Cogley:

> ... las fórmulas en que se expresaba nuestra religión ancestral ya no nos resultan expresivas. Si es así, nuestra tarea actual es renovar nuestro contacto con la esencia indispensable de la religión, encontrando nuevas expresiones de ella que nos resulten tan significativas como fueron para nuestros antepasados las expresiones tradicionales cuando las crearon.
>
> El cristianismo se expresa todavía en términos de la mitología y filosofía del mundo mediterráneo de principios de la era cristiana. Los credos cristianos oficiales se formulan en el lenguaje de la antigua filosofía griega, que no es igual al nuestro.
>
> La creencia cristiana de que Jesús era un ser humano de percepción espiritual y bondad extraordinarias, y quizás únicas, está expresada en términos de la antigua mitología griega. Por lo menos, desde la Quinta Dinastía en adelante la majestad de cada faraón se expresaba en el mito de que había sido concebido en su madre humana, no por un padre humano, sino por un dios.[32] Si Jesús hubiera sido contemporáneo nuestro, sin duda hubiéramos sentido por Él lo que sintieron sus contemporáneos, pero no hubiéramos expresado nuestros sentimientos en los términos de ellos. Y esos términos antiguos son los que sigue usando la Iglesia cristiana para dar su versión de lo que fue Jesús... En otras palabras, la necesidad de reexpresión fue y será siempre una necesidad en toda época y en todo lugar.

32 Notemos cómo hasta Toynbee, completamente ajeno al problema de los ovnis, se hace eco de estas extrañas antiquísimas tradiciones. ¿No es esto, dicho con otras palabras, lo que la Biblia había dicho de los «hijos de Dios» que se unieron a las hijas de los hombres?

Si la religión ha de dar a los seres humanos la ayuda que necesitan de ella para la vida, estos no pueden dejar de lado la tarea de distinguir las expresiones contingentes y efímeras de la religión de su esencia constante y deben estar siempre dispuestos a hacer cambios revolucionarios en la expresión tradicional con el objeto de percibir la esencia. Es una operación delicada y peligrosa. Pero de todas maneras, es imposible vivir sin vivir peligrosamente.

Volviendo al tema de la definición de Dios, y sin pretender de ninguna manera despreciar la mente humana, creemos que un perro está más cerca de comprender la mente de su «protector» humano que la inteligencia de las personas la esencia de Dios.

Para los que creemos en un Dios personal, diferente de todas sus criaturas y del todo independiente de ellas —aunque sin dejar de abarcarlas—, la esencia de Dios es, tiene que ser, algo absolutamente inabarcable por la mente del ser humano.

Aparte del insondable reino del espíritu, en el que la mente humana se pierde apenas entra en él, nos basta asomarnos al misterio de la vida, con sus infinitas complejidades psicobiológicas, y nos basta levantar los ojos al cielo en una noche estrellada: el que lanzó las misteriosas masas de los cuásares a velocidades cercanas a la de la luz, allá en los confines del universo, y el que peina las opulentas cabelleras de las galaxias, no puede caber fácilmente en el pobre cerebro de las personas, tan ignorantes ante cosas elementales de la creación.

¡Con qué profunda ligereza han hablado de Dios tantos teólogos! Llenos de una infantil obsequiosidad o deseosos de ejercitar la agudeza de sus mentes, no dudaron en colgarle a Dios adjetivos y cualidades que otros se encargaron más tarde de demostrar con textos de la Biblia. Pero Dios es infinitamente más grande que todos los humanos epítetos que los teólogos le dediquen e infinitamente mejor de como la Biblia nos lo presenta en muchos pasajes. Porque la Biblia no siempre es la palabra de Dios: en no pocas ocasiones, es su caricatura.

¿Cuál será entonces nuestro juicio sobre Jesucristo? Después de haber confesado en líneas anteriores que la inteligencia humana apenas puede comprender nada de lo que a Dios se refiere y después de haber criticado el afán de aprisionar el misterio de Dios en fórmulas, definiciones y palabras, preferimos no caer en el mismo defecto y dejar que nuestro silencio y la confesión de nuestra ignorancia sean una muestra de nuestro profundo respeto ante estas cuestiones.

Vemos en Jesucristo a un ser completamente trascendido por la divinidad y en un nivel de relación con el Creador que está mucho más allá de lo que nosotros podemos imaginar y menos aún definir. No nos hagan decir si su relación con el Padre es de esta manera o de la otra. Preferimos no caer en la ingenuidad de creer que sabemos algo de la vida íntima de Dios, y por eso no tendremos más que una sonrisa benévola ante aquellos que con toda seriedad nos sigan hablando de las «procesiones trinitarias».

En lo que se refiere a la venida de Cristo a la Tierra, creemos lo fundamental de la teología cristiana, pero sin caer en demasiados pormenores que pueden ser fruto de la imaginación de algunos o deterioro natural de los siglos: Dios envió a su hijo a este planeta para que ayudase a sus habitantes en los caminos del espíritu. No se puede negar que su doctrina, a pesar de haber sido mal comprendida y peor practicada, ha hecho cambiar notablemente la faz de la Tierra. Nuestra historia está dividida en antes y después de Jesucristo.

En cuanto a los pormenores de su entrada en la Tierra, sean los de tipo místico que la Iglesia cristiana nos ha predicado durante siglos, sean los de tipo histórico-científico que ahora se empiezan a oír, es preferible dejarlos a la consideración de cada uno.[33]

¡Cuánto mejor hubiese sido que las autoridades de la Iglesia, en vez de gastar energías y autoridad en hacer creer puntos sin importancia dentro de la doctrina de Cristo, hubiesen sido más celosas en hacer cumplir lo fundamental de ella, que es el amor entre los seres humanos!

Permítasenos añadir aquí, para aquellos amigos nuestros que hayan quedado intranquilos pensando que hemos perdido la fe en Jesucristo, que creemos en el valor de su sacrificio por nosotros, que tenemos fe en las vías del espíritu que Él nos enseñó y en la gracia que Él nos dio y nos sigue dando, y que todos los días oramos en su nombre —y a Él mismo— para que nuestra mente conozca más y más la verdad y para que en el mundo reine la paz, la justicia y el amor que Él nos predicó.

Comenzamos este capítulo diciendo que la persona de Jesucristo, tal como nos ha sido presentada por la teología cristiana, constituía la mayor dificultad que para nuestras creencias religiosas presentaba la aparición de los visitantes extraterrestres; y viceversa, la dificultad mayor de un creyente cristiano para admitir otros mundos poblados era la persona de Jesucristo. Los párrafos anteriores han intentado explicar el porqué.

Ante los ovnis, en nuestra mente se alzó en seguida la imagen de un Cristo Único en el universo. Los ovnis eran reales —de lo contrario, ya no podríamos en el futuro dar crédito

---

33 Hace pocos meses, un científico ruso muy conocido escribió en una publicación comunista de Rusia que Cristo era un extraterrestre enviado a la Tierra por seres superiores. Entre otros detalles curiosos, afirmaba que la famosa estrella que guio a los Magos de Oriente no era más que una nave espacial del estilo de las que actualmente surcan nuestros cielos por la noche. Naturalmente, el científico estuvo lejos de probar sus afirmaciones. Sin embargo, tomadas las palabras al pie de la letra, no encierran contradicción básica con lo que nosotros creemos. Nos imaginamos que las autoridades comunistas permitieron la publicación del artículo por creer que con ello desmitificaban la persona de Jesucristo. Naturalmente, todo depende de lo que cada uno entienda por «seres superiores».

a nuestros sentidos—, y, por otra parte, la persona de Cristo era también real..., tal vez incluso con todas las singularidades que los teólogos decían. Había, por lo tanto, que armonizar las dos realidades.

Lo hemos intentado —a sabiendas de que hemos quedado lejos de lograrlo y de contestar a todas las preguntas que aún bullen en nuestra mente— y lo seguiremos intentando. Pero no nos aferraremos a las «viejas creencias de nuestros padres» si no nos convencen, solo porque son de nuestros padres. No creeremos a los teólogos que nos digan que los visitantes extraterrestres no suponen problema ninguno para el Cristo clásico de la teología cristiana, y mucho menos rendiremos nuestra razón ante los que de manera autoritaria nos quieran «obligar a creer» o nos insten a que desechemos nuestras «locuras de visitantes del espacio». No podemos rendimos, porque, al igual que los Reyes Magos, hemos visto nuevas estrellas en Oriente y en Occidente. Ellos, siguiendo su estrella, se pusieron en camino hacia el Dios encarnado; nosotros, siguiendo nuevas estrellas, nos hemos puesto en camino hacia el Dios cósmico.

12
POSCRISTIANISMO

«El cristianismo fue una gran religión». Cuando leímos esta frase o una similar[34] tuvimos un fuerte sentimiento que nos impulsaba a la reflexión. ¿Es justo el tiempo verbal «fue» aplicado al cristianismo? Por otra parte, se habla cada vez más de «poscristianismo». ¿Qué se quiere decir cuando se usa esta palabra?

Si un cristiano oyese decir que el judaísmo fue una gran religión, probablemente la juzgaría bastante correcta. Y, sin embargo, un hebreo creyente la rechazaría de pleno por estimar que el judaísmo es todavía una gran religión. El cristiano «practicante» probablemente reaccionará igual que el judío al oír «fue» aplicado a su religión. Y, sin embargo, el hombre culto occidental cada día va oyéndolo con más naturalidad.

Creemos que lo acaecido al judaísmo puede damos mucha luz para ver lo que le está acaeciendo al cristianismo. Hay un indudable paralelo entre los dos.

A la venida de Cristo, el judaísmo presentaba muchas de las características que vemos hoy en el cristianismo:

- Un énfasis desmesurado de «la ley», «la doctrina», identificándolas con la esencia de la religión. A este espíritu,

34 *From the Ashes of Christianity*, de Mary Jean Irion. Lippincott Co. Nueva York, 1968.

Cristo replicó: «No se hizo el hombre para el sábado, sino el sábado para el hombre».

- Una distorsión de la verdadera ley que los hizo caer en auténticas ridiculeces, como llevar filacterias y no andar más de un determinado número de pasos el sábado.
- Un rigorismo asfixiante que no tenía nada que ver con el amor a Dios y al prójimo, fundamento de la verdadera ley hebraica. «Ay de vosotros, que coláis el mosquito y os tragáis el camello».
- Una casta clerical demasiado separada y distinta del pueblo común. «Y aconteció que pasaba un sacerdote por el camino —en el que yacía un samaritano malherido—, y al verlo pasó de largo».
- Un énfasis exagerado en ritos y tradiciones, como si todos hubiesen sido ordenados por Dios mismo. «Vosotros anteponéis vuestras tradiciones a la palabra de Dios».
- Un identificar la religión con el templo material. «Día llegará en que ni en este templo ni en ninguno, sino que los verdaderos adoradores adorarán a Dios en espíritu y en verdad».
- Una casuística moral artificiosa completamente divorciada de la vida.

Todavía podrían notarse más paralelismos entre el actual estado de las Iglesias cristianas y la religión judaica en los tiempos de Jesús. A Este se le planteó el dilema de si olvidarse por completo de la religión tradicional, poniendo Él unas bases completamente nuevas para una nueva religión, o si, aprovechando todo lo verdadero que encerraba la religión de sus antepasados, darle una nueva luz a las viejas creencias, despojándolas de todas las falsedades que el tiempo había ido introduciendo. Cristo optó por esto último. Recogió las verdades fundamentales que encerraba —y aún encierra— el judaísmo, pero abandonó la dirección errónea que traía, haciéndole dar un giro de noventa grados. El cristianismo no se puede considerar una nueva religión independiente ideológicamente del judaísmo. Creemos que con toda justicia el cristianismo podría ser llamado posjudaísmo, ya que recogió las mejores esencias de este.

Sin embargo, de no caer en la cuenta sus líderes del momento histórico-religioso del mundo, el cristianismo corre el riesgo de cometer el mismo error que cometió el judaísmo y de padecer, por tanto, el mismo colapso.

Recuerdo haber encontrado hace ya muchos años, en un frío atardecer de otoño, a una anciana que, tiritando, esperaba sola en el desguarecido andén de una estación el paso del tren. Le pregunté qué hacía allí sola con tanto frío. Me contestó que esperaba el tren de las seis. La pobre no sabía que ya eran casi las siete y que el tren había pasado hacía ya muchísimo rato. El pueblo hebreo no cayó en la cuenta de que el esperado por tanto tiempo estaba ya entre ellos. Había llegado de una manera diferente a como lo esperaban las autoridades oficiales y por eso no lo pudieron reconocer. El pueblo sí cayó en la cuenta de que «un gran profeta había aparecido entre ellos», pero las autoridades, que tenían el monopolio de la interpretación de la «voluntad de Dios», lanzaron sus anatemas contra los que osasen seguir a aquel «advenedizo» y expulsaron de la sinagoga al audaz que se atrevió a defenderlo. «¿Nos vas a decir tú a nosotros lo que tenemos que hacer?». Y el tiempo tan deseado pasó sin ser oficialmente reconocido.

¡Con qué pena y al mismo tiempo con qué pasmo los cristianos que hoy llegan a la moderna Jerusalén contemplan los sincerísimos e inútiles lamentos de los fieles hebreos que acuden al famoso muro a quejarse al Dios de sus padres! San Juan nos dice: «Vino a los suyos y los suyos no le recibieron».

Y por eso, entre los que no eran «suyos» sembró Cristo una semilla que se extendió por toda la Tierra. Pero al cabo de dos mil años se da una recurrencia histórica, se repiten las mismas circunstancias y están a punto de cometerse los mismos errores. Haría falta que otro san Juan les dijese a los cristianos y, sobre todo, a los líderes y a los teólogos: «Les habló a los suyos, pero los suyos habían confundido todo su mensaje... Estaban más bien discutiendo entre ellos sus muchas "discrepancias doctrinales"».

Hoy comienza a hablarse cada vez con más insistencia de poscristianismo. Los cristianos conscientes se preguntan si no habrá llegado el momento de darle un giro de noventa grados al cristianismo, de modo que, conservando los muchos valores positivos que este encierra, abandone el equivocado camino de las santas rutinas tradicionales, sean estas dogmáticas o rituales, y los seres humanos establezcan nuevas bases para las relaciones entre sí y con Dios.

Esto es, en esencia, lo que se quiere decir cuando se habla de poscristianismo. ¿Una nueva religión? Definitivamente, no. Se acaba la era de las «religiones» como cuerpos cerrados de doctrinas y como maestras de ritos y costumbres con los que alcanzar casi exclusivamente la salvación del alma. Ya han cumplido su misión espiritualizadora en el seno de una humanidad primitiva. De seguir existiendo con las mismas formas con que lo han hecho en los siglos pasados, no harían más que acentuar poco a poco ciertas cualidades negativas que ya hoy son muy manifiestas, de las cuales la más lamentable es la separación e incluso enemistad que crean entre los pueblos en virtud de las creencias religiosas diferentes. Por si la historia no nos hubiese dado suficientes ejemplos de esto, tenemos en nuestros días hechos tan tristes y tan trágicos como los de India-Pakistán e Irlanda del Norte. ¿Serán también «por voluntad de Dios» los ríos de sangre que las guerras religiosas han causado a lo largo de los siglos? Y lo triste es que vemos invocado al mismo Dios por las dos partes.

Aparte de estas consideraciones generales sobre todas las religiones, creo que es patente el hecho de que el cristianismo, en su clásica forma, o dicho más específicamente, en sus diversas estructuras externas, se encuentra en una verdadera agonía.

Prescindiendo ahora de toda suerte de profecías —desde las más sensacionalistas hasta las más ortodoxas, admitidas oficialmente por la Iglesia o hechas por varones eminentes en santidad—, y analizando el fenómeno religioso con ojos de sociólogo, uno llega inexorablemente a la conclusión de que el cristianismo, en su forma clásica y tradicional, está recorriendo su última etapa. Todavía conserva fuerza entre gentes y países que no han entrado de lleno en los estilos de vida del último tercio del siglo XX, pero pierde vertiginosamente terreno entre las nuevas generaciones. Esta pérdida de terreno se manifiesta en todos los aspectos de la vida: costumbres, modas, diversiones, novelas, películas, actitudes ante el dolor, el sexo, la vida..., prescinden por completo de los puntos de vista eclesiásticos.

Es inútil, por ejemplo, que en los púlpitos o en cartelitos a las puertas de algunos templos se advierta contra tales o cuales modas; si los grandes santones de la moda internacional decretan —de acuerdo con los fabricantes— el uso de tal falda, no solo serán obedecidos automáticamente por las millones de bautizadas que ya no frecuentan el templo, sino por las mismas hijas del reverendo o las sobrinas del párroco que, comprensivamente, oirán las admoniciones del tío..., pero que seguirán usando lo que usan todas las jóvenes normales.

Lo mismo que el liderato judío no reconoció el paso del Mesías y cometió el gran error de condenarlo, el liderato cristiano hace ya años que está ciego ante la presencia del espíritu de Cristo en medio del pueblo. Preocupado como está, defendiendo las estructuras eclesiásticas y discutiendo pormenores «sagrados», no oye las voces roncas, y cada vez más fuertes, que del seno del pueblo se levantan pidiendo justicia, pidiendo sinceridad, pidiendo respeto para las conciencias, pidiendo más amor y menos «diplomacia» en las relaciones entre las personas.

Las jerarquías de muchas Iglesias cristianas condenaron también hace años estas voces, porque no venían con el sello oficial de la Iglesia, no habían nacido en el templo, y tenían un tono áspero y hasta violento, como ásperas y violentas fueron las palabras de Cristo a los jerarcas de la Iglesia oficial de su tiempo: «serpientes», «raza de víboras», «hipócritas», «farsantes», «sepulcros blanqueados».

Las voces del pueblo, que fueron muchas veces desoídas y condenadas, se rebelaban contra el «orden constituido»; pero este era el aliado de los jerarcas a los que, por lo mismo, no les convenía ver que el tal «orden» era muchas veces el desorden constituido, la injusticia legalizada, el privilegio santificado. Los sumos sacerdotes y los fariseos y saduceos hablaban de Moisés y de David, mientras Cristo hablaba de misericordia, de amor y de sacrificio. Los jerarcas de hoy hablan de cambios litúrgicos y los teólogos siguen comentando a santo Tomás, mientras el pueblo, harto ya de promesas, habla violentamente de salarios justos, de libertad de opinión, de viviendas decentes, de igualdad de oportunidades.

Pero todas estas palabras no son reconocidas como la voz de Cristo, sino todo lo contrario. Hace años recibieron condenas y hoy reciben balas en muchos lugares. Los poderes del mundo no quieren oír esas palabras que, en el fondo, están llenas de verdad. Y las jerarquías cristianas no solo han permanecido sordas casi un siglo, sino que han permanecido ciegas y mudas ante herejías tan enormes como el liberalismo económico que implantó legalmente en todo el mundo occidental el abuso del hombre por el hombre, y ante el actual sistema económico-social que por su injusticia ha traído a tantas naciones al caos en que se encuentran.[35]

El cristianismo, constituido por millones de personas —muchísimas de ellas en posiciones privilegiadas— en todas las naciones, no ha reconocido la presencia de Cristo en el mundo bajo la forma de millones de proletarios mal pagados y de pueblos subdesarrollados, analfabetos y hasta hambrientos («Lo que hacéis con cualquiera de estos mis pobres hermanos, conmigo lo hacéis»), y por eso se le está haciendo tarde para reparar su gran error. El proletariado cristiano, y no solo ellos, sino todos los sedientos de justicia y de verdad, están buscando fuera de la Iglesia oficial lo que esta, aprisionada en sus propias redes, ya no puede darles.

Lo decimos con una gran pena, porque conocemos tan bien como cualquiera los grandes tesoros que hay dentro del cristianismo; la bondad de tantos miles y miles de almas que están dispuestas a ponerse enteramente al servicio de los demás y que malgastan su generosidad en ideales demasiado estrechos para ser verdaderamente cristianos.

Nos damos cuenta de que el ideal de fraternidad de todos los seres humanos y de todas las razas, que tan fundamental es en el mensaje cristiano, va a sufrir un rudo golpe a medida que el cristianismo vaya desapareciendo de las almas de las personas. Pero ¿por qué no conservar los valores sólidos del cristianismo rechazando los espurios? Sencillamente, porque las autoridades religiosas nos presentan todo en bloque: o lo

35 Conocemos de sobra las encíclicas sociales de los Papas a partir de León XIII y los decretos del concilio Vaticano II, y conocemos los esfuerzos de muchos buenos cristianos de todas denominaciones para hacer vivir el mensaje evangélico. Pero lo que hay que tener en cuenta no es lo que digan unos pocos, sino el comportamiento de los cristianos en general. A muchísimos de estos, en posiciones privilegiadas en la sociedad, los vemos cometer grandes injusticias y cumplir, por otro lado, con toda fidelidad los ritos cristianos sin recibir condenación ninguna por sus actos.

tomamos todo o lo dejamos todo. Las masas no preparadas, al ver que sus puntos de vista no son aceptados, y los cristianos cultos, al ver que algunas enseñanzas de las jerarquías no son aceptables, se alejan con desilusión de la Iglesia.

Muchas son las razones para probar que el cristianismo ha entrado en una etapa crucial y muy ciego hay que estar para no ver que no saldrá de ella tal como lo ha hecho en muchas otras crisis por las que ha tenido que pasar a lo largo de la historia. La enorme escasez de vocaciones tanto para el sacerdocio entre los católicos como para el ministerio en la mayoría de las denominaciones protestantes, y el abandono de este por parte de aquellos que ya estaban dedicados a él, son un signo que tiene muy preocupados también a aquellos que pretenden tapar la realidad con eufemismos.

El hombre de hoy ya no admite paternalismos de ningún tipo, y lo mismo que se rebela contra aquellos que quieren perpetuarse en el poder como si ellos fuesen los únicos que tienen capacidad para regir al país, se rebela contra quienes quieren penetrar «en nombre de Dios» en el seno de su conciencia para dictarle lo que es bueno y lo que es malo, lo que tiene que creer y lo que tiene que rechazar —aunque sus ojos le digan lo contrario—, los hijos que debe procrear y las veces que tiene que practicar tal o cual rito para limpiar su alma de pecado.

¿Cuáles son los valores que el hombre poscristiano deberá heredar del cristianismo? Creemos que, ante todo, el concepto de un Dios diferente a todas las cosas del universo, aunque trascendiéndolas a todas ellas. Igualmente, de las cosas más misteriosas y más profundas que encierra el mensaje de Cristo es el habernos presentado a Dios como Padre. Aunque la mente del hombre moderno tiene más bien tendencia a imaginarse un Dios difuso en el universo, impersonal e identificado con todas las energías creadoras del cosmos, creemos sin embargo que la idea de Padre que Cristo nos transmitió sigue siendo necesaria para el estado de evolución en que se encuentra todavía la mayoría de la humanidad.

Otra virtud fundamental del cristianismo que tiene que permanecer en el poscristianismo es la fraternidad universal de todas las personas. El mensaje de Cristo en este particular es clarísimo, fundamental a toda su doctrina, y lo mismo que fue revolucionario cuando Él lo predicó, sigue siéndolo después de dos mil años. En este tiempo, los cristianos, teniéndolo siempre en la boca, lo hemos pisoteado de todas las formas imaginables y hasta hemos encontrado en la Biblia textos para defender nuestra desobediencia.

Otras palabras clave que aparecen en los Evangelios y que tienen que ser básicas en el mundo poscristiano son «justicia», «pobres», «sencillez» y «sinceridad».

Como nota positivamente negativa, descubrimos en Cristo su poco interés por imponer ritos. En el poscristianismo, el verdadero altar del sacrificio será el corazón de cada persona y el ritual consistirá en aquellas lapidarias palabras: «Pórtate bien con los otros como tú quisieras que ellos se portasen contigo», y «No hagas a otros lo que no quieres que te hagan a ti».

¿Qué deberá desaparecer del cristianismo?

Ante todo, la humanidad tendrá que liberarse de la idea de un Dios antropomorfo, «hecho a nuestra imagen y semejanza». Ese Dios, al que en el cristianismo hemos encadenado con indulgencias y absoluciones y lo hemos obligado a darnos el cielo si cumplimos determinado rito, tiene que ir desapareciendo.

Lo mismo tiene que suceder con el dogmatismo y el ritualismo exagerados que hoy tienen prisionera el alma y deformada la mente de los cristianos fervientes. Se sostendrán las verdades fundamentales y se dejará el resto de las creencias marginales a la discreción o interés de cada uno. Y en cuanto a la «práctica» de la religión, esta se realiza haciendo el bien a nuestros semejantes y practicando la justicia en sus mil facetas. No en vano, en el lenguaje bíblico al hombre bueno y amigo de Dios se le llamaba sencillamente «justo». Los ritos y las devociones tienen el peligro de suplir muy fácil la práctica del don de sí mismo al prójimo, que es la esencia de la verdadera religión y el gran mandamiento de Dios a los hombres.

Así como quisiéramos ver perpetuado en el poscristianismo cierto aspecto del Dios cristiano, de la misma manera quisiéramos ver desaparecer el aspecto del Dios vengativo y justiciero, como tantas veces nos lo han presentado; ese Dios demasiado atento a las flaquezas de esta pobre hormiga humana que pasa por la Tierra como una sombra y que desaparece como una voluta de humo, teniendo apenas unos años para soñar que vive. Un Dios que tenga infiernos eternos para tal criatura no tendrá lugar en el poscristianismo.

Otra tentación de la que el poscristianismo tendrá que guardarse será la de establecer algún «libro sagrado». La Biblia, al lado de sus positivos valores, tiene grandes desventajas. El hecho de haber heredado el cristianismo el libro sagrado del antecristianismo ha sido fuente de muchos inconvenientes y de muchos errores.

Toda la historia del cristianismo, y aún de la cultura occidental, ha estado influida, por lo menos tan negativa como positivamente, por la Biblia. Más de una guerra y más de cuatro hogueras se encendieron por diferencias en la interpretación de la Biblia y a ella hay que achacarle el retardo en el avance de las ciencias y la desorientación de la teología. La Biblia del poscristianismo será la vida diaria de los seres humanos. El sol de cada ocaso pasará las páginas. La historia humana cobrará el rango de historia sagrada y el universo, trascendido por Dios, se convertirá en un Apocalipsis: Principio y Fin.

Pero el poscristianismo debe tener unas virtudes propias y tiene que hacer énfasis en ciertos valores que, por olvidados, han causado la descomposición o el debilitamiento de las anteriores religiones.

En la base de todo orden social y moral está la voluntad del ser humano. Sinceramente, no vemos cómo el hombre actual, con su voluntad tan débil para mantenerse dentro de los límites de lo recto, pueda hacer eficaz y válido ningún orden social, por equitativo que este esa. Ya hemos confesado en otra parte que la indocilidad del alma humana, tan profunda y tan general, es un misterio para nosotros. Puede ser que el principio de solución a esta indocilidad sea una de esas virtudes propias del poscristianismo, que tiene que ser como un punto de arranque de él: la identificación de las leyes de las personas con las leyes de Dios. (Sin duda, primero habrá que conocer bien cuáles son las verdaderas leyes de Dios y separarlas de aquellas que hasta ahora han sido presentadas como tales, pero que se deben exclusivamente a las mentes extraviadas de ciertas personas). Una vez que se haya verificado esta identificación, se podrá exigir, y esto será otra virtud característica del poscristiamsmo, un absoluto respecto a la ley civil.

Muchas personas hoy día se extrañan de que la ley sea violada de una manera tan general. Y muchos gobernantes se preguntan hoy día por qué los pueblos se están rebelando tan masiva y violentamente contra los sistemas establecidos. Pero ¿se han preguntado si muchísimas de las leyes de nuestros códigos son realmente justas? ¿Se han preguntado si estos «sistemas establecidos» son humanos?

Indudablemente, desde una cómoda poltrona casera o desde un despacho bien amueblado —y bien remunerado—, el mundo parece estar bien organizado y las normas por las que se rige la sociedad parecen justas. Pero la visión que se tiene de la vida cuando se oye llorar a los hijos de hambre en una casa fría, y la visión que se tiene después de ocho horas de trabajo embrutecedor ante una máquina trepidante, no es tan risueña. Uno percibe entonces las grandes lagunas y las grandes injusticias que están sancionadas en esto que llamamos el «sistema establecido».

Entonces se ve claramente que es una injusticia el que haya personas que puedan vivir en la superabundancia, legalmente, sin haber trabajado en serio en toda su vida; se ve a lo lejos que es una injusticia el que los gobiernos hagan grandes dispendios por atender a sectores suntuarios en la vida de la nación, mientras se desatienden las necesidades perentorias de grandes grupos de ciudadanos; se ve que es una gran injusticia el que no haya igualdad de oportunidades para todos los ciudadanos...

Todas estas grandes injusticias y muchísimas otras son constitucionales y con frecuencia los gobernantes no tienen mucho empeño en cambiarlas, porque probablemente saldrían ellos perjudicados en sus propios intereses.

He aquí uno de los grandes fallos del cristianismo tradicional: después de haber tenido en sus manos la educación de muchísimos jóvenes que luego han ocupado puestos claves en la dirección de los pueblos, únicamente ha logrado hacer de ellos ritualistas, cumplidores de tradiciones o receptores de sacramentos, pero no personas devoradas por la fiebre de la justicia y valientes cumplidores de su deber para con la sociedad.

Las virtudes del poscristianismo serán menos místicas, pero serán más naturales, más sociales y, por lo tanto, más de acuerdo a la vida y al ser humano: el hombre poscristiano será, ante todo, justo, honrado, franco, valiente, desinteresado, modesto, leal..., virtudes todas que vemos escasear bastante en nuestra sociedad llamada cristiana. Hasta que personas con estas virtudes no pongan de acuerdo las leyes humanas con las leyes divinas, el mundo seguirá violento y a punto de explotar a cada instante.

Muchas de las personas que hoy rigen las naciones no parecen demasiado preocupadas por conocer cuáles sean las leyes de Dios y, por lo tanto, no es de extrañar que cometan los graves errores que están cometiendo. Aparte de las enormes tensiones sociales de cada país, debidas, como ya hemos dicho, a las injusticias de las estructuras y a las de unos pocos aprovechados de turno, están los crasos errores de visión en un plano internacional o mundial que demuestran la miopía de muchos «grandes» y su impreparación para los puestos que ocupan.

He aquí en síntesis algunos de estos errores:

- Fomentar todavía un nacionalismo pasado de moda, con todas las malas consecuencias que esto conlleva: rivalidades y odios entre los pueblos, falta de ayuda y desconocimientos mutuos, retraso en el progreso por la falta de unión... Aunque es cierto que los jóvenes de las naciones más avanzadas están derribando rápidamente las fronteras psicológicas, el trabajo de unión se hará mucho más difícil mientras muchos gobiernos sigan en sus ridículas posturas «patrióticas».
- Jugar a la guerra, amenazando directa o indirectamente con ella. En esto es eminente la canallesca política que durante años han seguido las grandes «superpotencias» mundiales. El daño que esta tensión ha causado al psiquismo de millones de personas nunca se podrá valorar lo suficiente.
- La falta de respeto por parte de las naciones grandes a las naciones pequeñas o menos desarrolladas económicamente. Cuando se están acabando las colonias, están apareciendo los neocolonialismos económicos y culturales.
- No haber hecho empeño alguno en serio por llegar a una lengua común. Mientras las personas hablemos mil lenguas diferentes, no llegaremos a comprendernos y menos a amarnos. De nuevo entran aquí los «patriotismos» y los países grandes, que no quieren ceder sus posiciones de privilegio[36].

36 No se pide que cada nación abandone su lengua, sino que, conservando cada una la suya, aprendan todos los niños del mundo en las escuelas una segunda, común, que sirva de lazo de unión entre todos los pueblos de la Tierra.

- Una falta total de respeto a la naturaleza. Las grandes fábricas (de las que, según el «sistema establecido», suelen beneficiarse de manera desproporcionada unos pocos) envenenan descuidadamente el aire, la tierra y el agua; se extinguen salvaje e irresponsablemente especies enteras de animales; se talan bosques, sin repoblarlos después; se convierten en lodazales de petróleo playas y parajes que en otro tiempo fueron bellísimos, etc. En este particular, la irresponsabilidad de muchos de los que se han llamado gobernantes sería solo comparable con su avaricia.

Todos estos pecados contra la humanidad, cometidos por aquellos que están llamados a conducirla, nos dicen que estamos llegando al fin de una era. El mundo tiene necesariamente que superar este estado caótico y de violencia en que ahora se encuentra.

La juventud del mundo entero es otro libro abierto que inexorablemente está apuntando a lo mismo. Sin prejuicios, y muchas veces sin juicios —porque apenas ha tenido tiempo para reflexionar—, nos está diciendo en todos los idiomas que no está de acuerdo con el orden de cosas que ha encontrado. Nadie ha puesto de acuerdo a las juventudes de Corea con las de Argentina o las de Suecia y, sin embargo, están todas diciendo, en el fondo, lo mismo. Se rebelan, muchas veces ciegamente, irresponsablemente y hasta de forma salvaje. Pero todos se rebelan. Y de su rebelión los adultos deberíamos deducir una realidad innegable: el mundo que hemos creado no les gusta a nuestros hijos. La juventud de hoy tiene una sensibilidad superior a la de las personas maduras y ha captado algo que las personas maduras parece que ya no pueden captar: que este mundo actual es un caos; que las estructuras sociales, políticas, económicas y religiosas ya no sirven para estos tiempos, y por eso se las están saltando por encima —o pasando por debajo— y las están despreciando.

Los que pensamos un poco hemos descubierto, casi de repente, que este mundo que durante siglos nuestros mayores habían construido se nos está derrumbando encima. Muchas personas mayores no ven que en esta rebeldía de la juventud, aunque sea dolorosa y estridente en muchas ocasiones, hay mucho de positivo. Por ejemplo:

- Un no querer continuar por un camino que desemboca fatalmente en un tipo de civilización que es destructora de la humanidad.
- Una rebelión contra la injusticia que hoy reina en el mundo.
- Un NO rotundo a todo tipo de guerra con la que cretinos famosos han martirizado y quieren aún martirizar al mundo. Los jóvenes, cada vez más, prefieren ser castigados por desobedientes a tener que matar por obediencia.
- Un ansia de genuina libertad; se resisten a ser una pieza más en la inmensa maquinaria social o un consumidor más en la inmensa maquinaria económica.

Todos estos valores son auténticos a pesar de los errores que muchos de estos jóvenes cometen al protestar, confundiendo la libertad con el vandalismo, la promiscuidad o la holgazanería. Pero es más esperanzador cometer errores en busca de la libertad y de la verdad, que ser legal dentro de una estructura injusta. Y nuestro mundo, para la mayoría de la humanidad tiene mucho de injusto, ya que unos cuantos abusadores quieren seguir disfrutando de sus privilegios a costa de los demás y otros cuantos paranoicos tienen a la humanidad muerta de miedo, chantajeándola con sus bombas y sus delirios de violencia. Por todos estos males es por lo que la juventud está desorientada y rebelde.

Si se nos pidiese un resumen brevísimo y en estilo moderno del mensaje básico de Cristo al mundo, lo enunciaríamos así:

Ámense, porque si no se aman, se matarán.

No hemos cumplido lo que el mensaje tiene de imperativo y estamos cumpliendo lo que tiene de profético.

¿Qué papel jugará en la nueva era del mundo el poscristianismo? Creemos que un papel vital. El cristianismo, en su forma tradicional, hace tiempo que llegó a su cénit, y al igual que a los fuegos de artificio cuando llegan a lo alto, no le queda más que comenzar a descender. Después de dos mil años de historia, ha perdido su fuerza ascendente y a todas luces es evidente que no logrará convencer a los pueblos asiáticos, africanos y musulmanes que componen la mayoría de la humanidad.[37] Ha cumplido, aun con muchos defectos, una ingente misión, aunque se haya quedado corto en comparación con los deseos de su fundador. El poscristianismo tendrá que recoger las mejores esencias del cristianismo y con ellas, como fundamento, hacer la única religión de los seres humanos de este planeta, compuesta de las chispas de verdad que Dios puso en todas las religiones.

En cuanto la humanidad cambie su entraña violenta y egoísta y se espiritualice un poco más, «no tendrá más remedio que reconocer que no existen dos millones de dioses ni veinte mil sectas, que no hay diez grandes religiones, sino una sola»[38] para invocar a un solo Señor. Pero para llegar a este nuevo tipo de ser humano tiene necesariamente que haber un nuevo nacimiento colectivo de la humanidad. ¿Será un nacimiento sin dolor y sin sangre?

Hemos hablado del poscristianismo, pero ¿qué relación tiene todo esto con los ovnis? Permítanos el lector un ejemplo.

---

37 «Donde el islamismo y el cristianismo compiten por adeptos —nos dice John Cogley—, los musulmanes consiguen con frecuencia diez discípulos por cada uno de los cristianos».

38 Erich von Däniken en *Recuerdos del futuro* (op. cit.).

Imagínese a una tribu salvaje que jamás ha salido de su valle. Un día ven pasar por primera vez un avión; ese simple hecho, sobre todo si va unido al convencimiento de que en aquel avión viajan hombres como ellos, puede ser que tenga repercusiones enormes en el alma de alguno de aquellos salvajes. De repente, sin necesidad de ver más, aprenderá por deducción muchas verdades de orden físico; y si el terror de los espíritus de la tribu no se lo impide, puede ser que también se produzca en su alma una profunda conmoción: empezará a dudar de la validez de sus ritos tradicionales, de las enseñanzas del brujo y hasta de los mismos espíritus...

¿No tendremos nosotros derecho a que ante la llegada de los ovnis se nos ocurran las mismas dudas y preguntas que al salvaje de nuestro ejemplo?

Los cristianos civilizados, muy por encima de los salvajes, podemos juzgar con mucha más libertad y profundidad de todo... con tal de que ese todo no entre en conflicto con nuestras creencias tradicionales. Pero justo lo mismo les sucede a los súbditos de las demás religiones. ¿No nos está diciendo esto claramente que los dogmatismos religiosos tienen fatalmente aprisionada la mente humana?

En nuestra fe, tal como nos ha sido presentada, hay muchos puntos oscuros. ¿Será pecado buscar la luz?

SALVADOR FREIXEDO

Desde que comenzara a interesarse por el fenómeno de los ovnis en la década de los años cincuenta, Salvador Freixedo no dejó de investigar su vasta casuística alrededor del planeta, siendo también testigo de algunos casos.

Sus investigaciones, sus teorías revolucionarias para la época y sus libros lo convirtieron en un pionero y uno de los especialistas en ovnis más controvertidos y conocidos en todo el mundo, siendo considerado como un adelantado a su época.

Del mismo autor

Descubre todas las reediciones de las obras actualizadas y revisadas de Salvador Freixedo. Libros clásicos sobre misterios y el fenómeno ovni que siguen más vigentes que nunca.

La granja humana

Una de las obras más clásicas y reconocidas de Freixedo

Defendámonos de los dioses

¿Quién hay detrás de las religiones?

Teovnilogía

Una reflexión acerca del origen del mal en el mundo

La amenaza extraterrestre

¿Quién mueve los hilos del destino?

¡Mi Iglesia duerme!

Un libro no apto para católicos satisfechos, con material inédito

El diabólico inconsciente

Edición conmemorativa 50.º aniversario

Biblioteca Mysteria

Esta colección reúne obras olvidadas, ensayos y testimonios que exploran los límites entre lo visible y lo invisible: esoterismo, fenómenos sobrenaturales, misterios históricos y experiencias del espíritu.

El libro de las brujas
La extraordinaria historia de la brujería
Oliver Madox Hueffer

Misterios desvelados
Un viaje de revelación y despertar interior
Godfre Ray King

Jesús, el último...
La revelación de un saber perdido
Édouard Schuré

La Vela de la Visión
Clarividencia, sueños y mundos ocultos
George William Russell

Otros mundos...
Historias reales del otro lado
Frederick George Lee

La Comunidad Secreta
Duendes, hadas, elfos y otros seres
Robert Kirk

Tal vez te interesen

www.ingramcontent.com/pod-product-compliance
Lightning Source LLC
LaVergne TN
LVHW101941220826
846093LV00006B/81